エクソシスト概論

あなたを守る、「悪魔祓い」の基本知識Q&A

大川隆法
Ryuho Okawa

まえがき

毎年夏になると、悪霊、悪魔もの、そしてエクソシスト系の映画やドラマが増えてくる。ゾクゾクっときて、自然冷房で涼《すず》みたいところもあるのだろうが、日本では特に、先祖供養とも関連するお盆の風習や、墓参り、怪談の伝統等もあるのだろう。

「エクソシスト」というと、通常カトリックの神父さんが、悪魔が取り憑《つ》いた人や家族を救おうと儀式で死闘《しとう》するシーンが想起される。イエス自身も「サタンよ、退《しりぞ》け！」と一喝《いっかつ》するシーンが新約聖書には出てくる。

反面、神のため、教会のため、十字軍のリーダーとして活躍してイスラム教徒軍に大打撃を加えたのに、妻が死に、神を呪《のろ》ってドラキュラになる、悪魔誕生の物語もある。

日本神道的には陰陽師《おんみょうじ》、仏教では呪力《じゅりょく》を持った密教僧がエクソシストにあたるだろう。本書は通例キリスト教的に扱うエクソシズムを仏教的に取りまとめてみた。新しいテキストになるだろう。

二〇一四年　七月三十一日

幸福《こうふく》の科学《かがく》グループ創始者兼総裁《そうししゃけんそうさい》　大川隆法《おおかわりゅうほう》

エクソシスト概論　目次

エクソシスト概論

あなたを守る、「悪魔祓《あくまばら》い」の基本知識 Q&A

二〇一四年七月二十五日　説法
東京都・幸福の科学総合本部にて

Q4 精神障害に悩む人への対応の仕方

エクソシスト概論

あなたを守る、
「悪魔祓い」の基本知識Q&A

二〇一四年七月二十五日　説法
東京都・幸福の科学総合本部にて

プロローグ

悪魔祓《あくまばら》いの相談に答える

梅雨《つゆ》も明け、猛暑日《もうしょび》が続いています（収録当時）。省エネのためにも、〝自然冷房〟を少し強めなければならないということで、夏は、室温が二、三度ぐらい下がるような企画を持つべきではないかと思います。この時期、世間でも、そういうものが流行《はや》っているので、当会も少しは〝協力〟したほうがよいのではないかと考えた次第です。

夏は、幽霊《ゆうれい》ものとか、幽霊との対決ものとか、いろいろと出る季節です。私も、いろいろなところで話をしていますが、ときどき、考えをまとめてみるのもよいでしょう。

エクソシストとは、悪魔祓《あくまばら》い師のことです。キリスト教のほうでいうと、バチカンで公認しているエクソシストは、三百五十人ぐらいいると言われています。

映画「エクソシスト」で有名になりましたが、エクソシスト、悪魔祓い師であっても、悪魔のほうが強いと、負けてやられてしまうこともあり、なかなか大変なものです。ですから、悪魔祓いを客観的に公式化して、技術論として説くのは、それほど簡単なことではないでしょう。「ローマ法王にエクソシスト能力があるか」と言えば、実際上はないと思われ

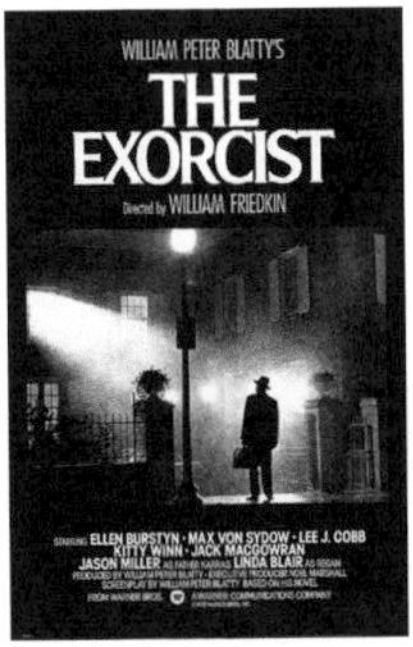

「エクソシスト」
アメリカのホラー映画(1973年公開)。少女に憑依《ひょうい》した悪魔と神父との壮絶な戦いを描いた作品。

ます。政治力はあっても、そういう能力はないでしょう。あちらは、そう簡単に相談に乗れるような状態ではないと思います。

当会の職員も、支部や精舎《しょうじゃ》等（幸福の科学の研修施設）を通じての日頃の活動のなかで、悪霊《あくれい》・悪霊《あくりょう》関連の相談とか、悪魔憑《つ》き的な相談とか、いろいろな相談を受けるでしょうし、悪魔祓いを依頼されることもあるでしょう。しかし、「力及ばず」ということもあったり、「答え切れない」ということもあったりすると思います。場合によっては、みなさん自身もいろいろと体験しているかもしれないし、仕事上、答えられずに困っていることもあるかもしれません。いろいろなものがあるでしょう。

そこで、今回、一方的に私が話すのではなく、具体的な質問に答えていくことで、全体的に「エクソシスト概論」として仕上がればよいと考えています。
仕事上とか、体験上とかで、訊《き》いておきたいことがありましたら、お答えして
いきたいと思います。

●天国に還《かえ》っていない不成仏霊《ふじょうぶつれい》や地獄霊《じごくれい》を総称して、「悪霊《あくれい》」と呼ぶ。そのなかでも、強烈な怨念《おんねん》を持った、復讐心の強い霊のことを「悪《あく》霊《りょう》」といい、さらに凶悪で、積極的な意図をもって他人を落としめ、不幸にしようと画策している霊のことを「悪魔《あくま》」という。

Q1

悪霊《あくれい》撃退の力を高めるためには

【質問】

幸福の科学の支部や精舎《しょうじゃ》では、●「悪霊《あくれい》撃退祈願」「悪霊封印秘鍵《あくりょうふういんひけん》」「悪霊調伏《あくりょうちょうぶく》祈願」等の祈願が行われていますが、「なかなか治らない」「効《き》いているのかどうかが分からない」という声もあります。

これは、導師《どうし》の祈願のやり方に問題があるのでしょうか。それとも、この世的な対応に何か問題があるのでしょうか。アドバイスをお願いいたします。

●「悪霊撃退祈願」は幸福の科学の全国の支部や精舎で、「悪霊封印秘鍵」は全国の精舎で、「悪霊調伏祈願」は総本山・正心館《しょうしんかん》で開催している。

エクソシストは、常日頃の精進《しょうじん》がものを言う

後天的な修行や知識によって力が出る場合もありますが、やはり、先天的な魂《たましい》の力もあることはありますし、その人に今、協力している霊存在といいますか、守護霊・指導霊等の力もありますので、その兼ね合いはあるでしょう。

「誰がやっても同じ」にはならないので、信者の側から見れば、効《き》き目がありそうなところを一生懸命に探して、頼っていくわけです。「『病気が治った』とか、『貧乏神《びんぼうがみ》が落ちたような気がする』とか、いろいろな評判が聞こえてくると、だいたい、そちらのほうに集まっていく」というような動き方はあるのではないか

と思います。

全員が全員、同じようにならないのは、しかたがないことです。全員に同じ効果が出ているように思うなら、何か誤解が出ているのかもしれません。

結局は、常日頃からの手入れの部分が大事です。〝刀〟が錆《さ》びつかないように、手入れをしておかなければいけません。

例えば、「支部長」や「館長」や「講師」などの資格をいったん得たとしても、手入れを怠《おこた》れば、やはり錆びついていくので、そのあたりの常日頃の鍛錬《たんれん》といいますか、精神訓練や修行の訓練は要《い》ると思います。

同じく『正心法語《しょうしんほうご》』を読経《どきょう》しても、効き目は、人によって違いがあります。その人の心が、本当に天上界の光を受けるような状態で読経する場合には、読まれている言葉のなかに「言魂《ことだま》」が宿《やど》ってくるので、相手にそうという反応が出てき始めます。

一方、字面《じづら》のみ追って、かたちだけ読んでいる状態で、実際上、霊的には天上界につながっていない状態であれば、『正心法語』を読経しても、悪霊に対して効くことはありません。向こうは、こちらの力量を見ているので、「その程度のもので効くか」と言って、開き直っていることもあります。

また、力が拮抗《きっこう》している場合には、こちらに「やっても無駄《むだ》だ」という無力感を悟らせようとして躍《やっ》

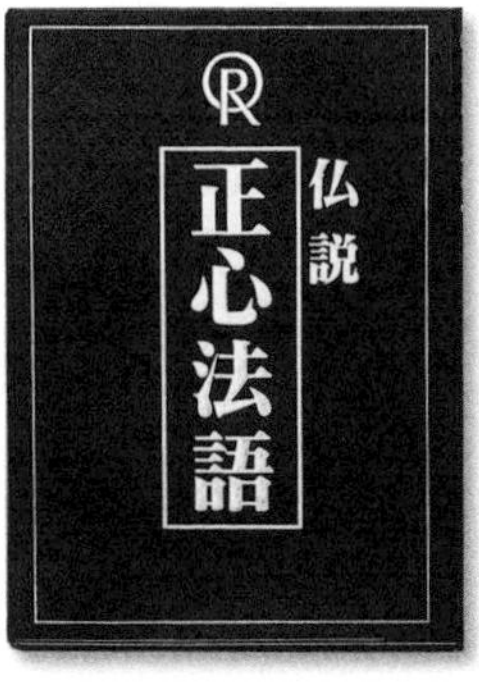

『仏説《ぶっせつ》・正心法語』は幸福の科学の根本経典（三帰信者限定）。全編が九次元大霊の仏陀意識から下ろされた言魂で綴られ、これを読誦することで霊的な光が出てくる。

起《き》になり、障《さわ》りを余計大きく見せることもあります。

そのため、「私の家で、いろいろと悪いことが起きるので、来てください」と言って、導師に来てもらい、祈願やお祓いのようなことをしてもらうと、かえって悪くなるように見える場合もあります。これは、嫌がらせをしているのです。「そんなものには効き目がないぞ」というように見せて、依頼した家族が信仰心を失うように導いているわけです。

このように、かえって、悪い現象が起きるように見える場合もあります。それは、（悪霊との）力比べが起きるときです。そして、場合によっては、一人の人間でずっと追い続けないと、なかなか終わらない場合もあるので、自分自身の力量をよく知っておくことが大事だろうと思います。

やはり、「救えるレベル」と「救えないレベル」とがあります。このあたりについては、各人に与えられた天命・使命と、修行の問題はあると思います。同じような知識を持っていても、現れ方は当然違ってくるわけです。

憑《つ》いているものの正体を見破ると、勝負は半分以上つく

当会の霊言《れいげん》現象等には、天使ではないものも一部あるので、そういうものを見て、どのように反応してくるかという生態を知ることによって、正体を見抜くというか、見破るこ

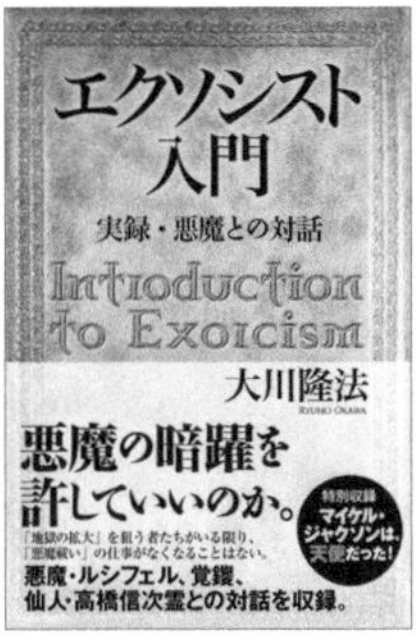

『エクソシスト入門』
（幸福の科学出版刊）
エクソシストとは何かを説いた入門編。悪魔との実際の対話も収録。

とができるようになってくると思います。

そうした悪なるものについては、正体を見破ったところで、だいたい、勝負は半分以上ついてしまうところがあります。

彼らは、いつも見つからないようにやっているのが普通です。この世で言えば、犯人と同じです。誰が犯人かが分かったならば、もはや、犯人は逃げる態勢に入ります。分からないうちは平気な顔をしていますが、証拠をつかみ、誰が犯人かを割り出し、目星《めぼし》をつけるあたりになると、犯人は逃げる態勢に入ってくるようになるのです。

したがって、相手の正体というか、「相手の力量は、どのくらいのものなのか」ということを見破ることが大事になります。そして、見破るためには、日頃の精《しょう》進《じん》が要るということです。

相手の正体と、「だいたい、どの程度の力量があるものか」ということを知ることが大事です。

悪霊撃退を依頼している家庭や本人の気持ちも関係する

あとは、導師の側の力もありますが、悪霊撃退系のことを依頼している家庭や本人自身の信仰心や純粋な気持ち、あるいは、「自分自身も精進しよう」とする気持ちや「戦おう」とする気持ち等も関係します。内と外の両方が呼応《こおう》して、追い出せるものなのです。

その人の魂（の波動）が、憑《つ》いているもののほうにはるかに近く、肉体をずっと〝占拠〟され、十年も二十年も居座られているような状況だと、憑いている側に居住権《きょじゅう》があるような感じになって、「賃借権《ちんしゃく》が成り立っていて、期限が切れていないから、簡単に追い出せない」というようなことがあります。

「一見《いちげん》さんが来て、『出ていけ』と言っても、そう簡単に出ていけるか。ここが住みかなんだ」ということで、頑張っていることがあり、そういう場合、追い出すのは簡単ではないのです。

それから、相手のほうが強い場合は、今度は逆に、追い払おうとした人のほうに取り憑いて、障りを起こすこともあります。「持って帰る」というケースです。エクソシストのほうに憑いて、不調和を起こすわけです。

相手によっては、映画「エクソシスト」にあったように、「最後、窓ガラスを割って窓から飛び降りて、死ぬ」「エクソシストする側がやられてしまう」ということもあります。そのあたりの怖さはあります。

迷ってきたら、仏教の根本原理に立ち戻るべき

ただ、迷ってきたら、「法力《ほうりき》を出す」ということを考えるだけではなく、一回、原点に立ち戻る必要があります。

仏教が説いている基本的な考え方に、「諸行無常《しょぎょうむじょう》」「諸法無我《しょほうむが》」「涅槃寂静《ねはんじゃくじょう》」という「三法印《さんぼういん》」があります。この教えは、例えば、「幽霊に取り憑かれている人

を救う」という設定で考えてみると、実に有効な理論です。仏教の教えは、「この世に怨念《おんねん》が残って、人に取り憑いて苦しめたりしている場合、これを離すにはどうしたらよいか」ということを、まさしく説いているのです。今のお坊さんや宗教学者、仏教学者は、それが分からなくなっているだけなのです。

ですから、術者《じゅつしゃ》というか、追い出す側の人は、一回、仏教の根本原理のところ

三《さん》法《ぼう》印《いん》

仏教の教えの中心。法印は、「教えの目印、旗印」という意味。

諸行無常《しょぎょうむじょう》	「すべてのものは移りゆくものである。ゆえに、とらわれるなかれ」という教え。
諸法無我《しょほうむが》	「一切は空《くう》である（一切皆空《いっさいかいくう》）」という思想につながる考え方であり、「この世のものは、すべて仮のものであり、霊的世界こそが実相の世界である」という教え。
涅槃寂静《ねはんじゃくじょう》	「この世的な執着《しゅうちゃく》を断《た》ったところに、実在界のユートピアへ通じる境地があり、それが悟りの境地なのだ」という教え。釈迦仏教において、人々が目指していた境地。

に立ち戻ることです。その基本原理とは、以下のようなことです。

諸行は無常である。

取り憑いている悪霊・悪魔たちが、この世において、自分の栄華や繁栄、今までの立場や財産や地位や権勢《けんせい》など、いろいろなものを守ろうとしても、この世の中は移ろいゆき、常なるものは何もない。

そういうことをとどめおくことはできないのだ。

例えば、自分の家に執着《しゅうちゃく》しているとか、子供に執着しているとか、いろいろなことがあろうが、すべてのものは、流れ去っていく川の水のようなもので、執着してもしかたがないことなのだ。

この世にあるものは、すべて、壊れ、崩れ去っていくものなのだ。

人間は、どんどん年を取って老化し、やがては死んで、焼かれて灰になるけれども、建物も同じであり、学校の校舎も、壊れて、建て替えられていく。

会社も、百年以上もっているところは少なく、潰《つぶ》れていく会社はたくさんある。死んで霊になった経営者が、「うちの会社が潰れる」とか、「従業員を何とかしなければいけない」とか言っていても、すでに会社がないという場合もある。

いくらそれを思ったところで、壊れていくものは壊れていくのだ。

自然界で言えば、まるで、腐敗菌《ふはいきん》が人間や動物の死骸《しがい》を分解して土に還《かえ》していくように、会社であろうと、学校であろうと、いろいろな組織であろうと、分解して消えていく。それをとどめることはできない。

それから、人間の本来の魂のあり方としては、「この世にいつまでも執着してとどまるのではなく、この世への執着を断って、『あの世に持って還れるものは、心しかない』という言葉に立ち戻り、そして、自らの心を清らかにして、天上界に還り、そこで新たな修行を始めていく」ということが本来の筋である。

そういう清らかな世界に還りなさ

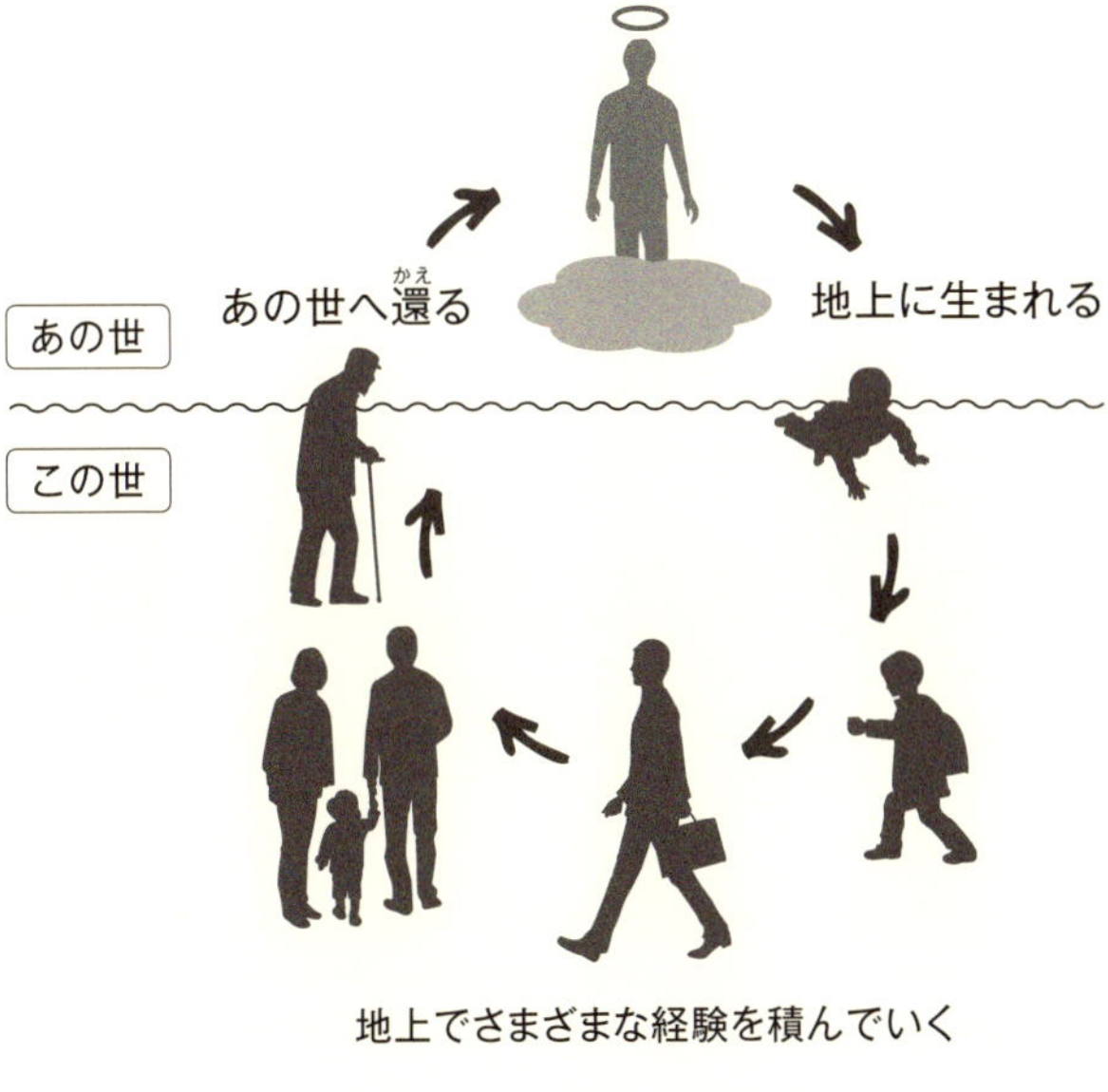

い。そこが、あなたの行くところなのだ。

その清らかな世界に還るためには、煩悩《ぼんのう》を吹き消すことが大事だ。

煩悩とは、肉体に基づく、この世への執着そのものだから、いろいろなものに対して執着を断っていきなさい。

この世で生きている間は、お金も役に立つことがあるし、いろいろな人間関係も役に立つことがあるし、大きな家とか、会社とか、会社の名前とかも役に立つことがあるけれども、死んでからあとは、そういうものは全部関係がなくなっていくので、忘れていかなければいけないのだ。

次の世界に移っていくためには、そういうものは忘れ去って、清算しなければならない。

そして、次は、心だけを清らかにして、より高度な修行ができる自分に戻っていかねばならないのだ。

こうした簡単な「幽霊成仏経《ゆうれいじょうぶつきょう》」のようなものが、実は、仏教の「三法印」の教えであるのです。

基本的には、この原理に立ち戻って、これを分かりやすく話してあげることです。生きている人間に対しても、その人に憑いているものに対しても、これをきちんと話して説得できる力があれば、『正心法語』等の当会の経文《きょうもん》を読んだとき、力が加わってくるはずです。

こうした原理を伝えなければ、基本的には、憑いているものを取り去ることは難しいのです。

悪霊は、生前、あの世や霊を否定していた人であることが多い

現在、この世においては、テレビ局や新聞社、その他が、唯物論的な考え方でもって、あの世や霊を否定することを平気でやっています。それに対して、当会が一生懸命に戦っている理由は、「その考えのままで死んだら、死後、行き場がなくなる」からなのです。

死んで肉体がなくなり、いる場がなくなると、「自分は、どうしても人間でなければいけない」ということで、生きている人間に取り憑き、その人を「自分

だ」と思って〝住み〟始めます。そういう霊が大勢いるわけです。あるいは、建物に取り憑いて、職場や自宅などに居座っている者もたくさんいるわけです。

これを追い払うためには、この原理を呑《の》み込ませないといけません。そうしないと、霊のほうは離れられないのです。

生きているときに、できれば悟りのよすがとして、仏法真理の本を一冊でも読んでいたり、私の説法を一回でも聴いたりしていれば、言うことはないのですが、それがなかった人は、死んでから、呑み込ませるのは、なかなか大変です。

さらに、取り憑かれている人も、そういうことをまったく信じていない人である場合は、両者が磁石《じしゃく》のようにくっつき合う感じになるため、必然的に、これを外《はず》して取り去ることは大変です。

当会には、修法《しゅうほう》がいろいろとあり、それぞれ効果はあります。そして、なかには、修法だけで、憑いているものを脅《おど》してパッと外すことができる人もいるとは思いますが、それだけで通じない場合もあるので、やはり、根本原理のところを懇々《こんこん》と諭《さと》さなければいけません。

当会の支部や精舎等では、私の説法（収録映像）を聴くことができます。そこへ外部の人が一人で入ってきて、私のこうした説法を聴いたら、みなが聴いているので恐縮《きょうしゅく》しておとなしく黙っているかもしれません。けれども、会社など、信じていない人が大勢いるような所で、こういう話をしたら、おかしくてゲラゲラ笑っていることもあるのです。人間というのは、平気で、そういうことをするわけです。

そういう人に、「死んだあと、あの世で成仏できませんよ」と言っても、結局、「そんなものは信じられるか」という話になります。

ところが、そういう人が病院で死んだ場合、霊になって、病院のあたりをウロウロしたり、ほかの病人に取り憑いたり、「自分は今、特別な病室に監禁されている」と誤解したりしていることが数多くあるのです。

私は、信者のみなさんに、伝道活動を呼びかけています。焦っているようにも見えるかもしれないし、無理をお願いしているよう

病院をさまよう不成仏霊たち（映画『仏陀再誕』より）

にも見えるかもしれませんが、やはり、生きているうちに知っておかないと大変なのです。知っていても、間違って地獄に堕ちる人や、地上にとどまっている人もいますが、それでも知っていれば、説得のきっかけはあります。

悪霊を成仏《じょうぶつ》させる「法力《ほうりき》」のもとは何か

ただ、人間として生きていたときに、かなりの悪業《あくごう》を積み重ね、死後、地獄に行って、千年、二千年と出てきていないようなタイプの人は、もう、普通の「悪霊」とは言えず、「悪魔」と化している場合があります。

この場合、成仏させるのは、そう簡単ではありません。なぜかというと、生きていた何十年かの間、悪さをし、悪い生き方をしたのみならず、死んでからあとも、いろいろな人に取り憑いて、狂わせたり、自殺させたり、殺人を犯させたり、いろいろなことをして、罪を重ねている場合があるからです。

その部分についての清算が終わっていないので、そんな簡単に「はい、天国に行けました」というようにはならないのです。鉛《なまり》と同じで、比重が重いものはどんどん沈《しず》んでいくので、そう簡単ではありません。

自殺に誘い込む不成仏霊（映画『仏陀再誕』より）

「悪魔」あるいは「魔王《まおう》」と言われるレベルになってくると、当会の講師や文部長ぐらいでは、相撲《すもう》の取っ組み合いぐらいの感じになり、相手を簡単にぶん投げられるほどの力の差はないかもしれません。向こうはそうとうの悪《わる》なので、憑《ひょう》依《い》している人から離して、成仏させるのは、かなり法力が備わってこないとできないのです。

では、法力のもとは何であるかというと、一種の学識からくる「学徳《がくとく》」であるし、日々の精進において出てくる「道力《どうりき》」のようなものです。日々、精進をしていると、「精進力《しょうじんりき》」がついてくるのです。

さらには、「指導霊たちの霊流《れいりゅう》を自覚的に引いている」という感じでしょうか。そういうものが効いてきます。

あるいは、自分だけの力で足りない場合は、「支部や精舎等で、仲間たちの力も借りて、『みなでお祈りをする。みなでその人の幸福を願う』というかたちで追い払っていく」という方法もあります。

最終的には、天上界の指導霊団と一体になって悪霊と戦う

悪霊を追い払うのは、なかなか大変なことです。どこかで、自分の力が届かないレベルが出てくるだろうと思いますが、信仰心とサンガ（僧団《そうだん》、教団）の力の問題はあるので、最終的には、サンガ全体で戦い、そして、天上界の幸福の科学指導霊団全体の力と一体になって戦わなければ、勝てません。個人では勝てない

ところがあるのです。

　そういう意味で、常日頃、「三宝帰依《さんぽうきえ》」と「信仰心の立て方」をきちんとしていないといけません。かつて講師として活躍していたような人でも、群《む》れから離れて悪霊に入られたら、もはや「何が正しくて、何が間違っているか」が判断できない状態になっていきます。すると、救えない状態に簡単になって、悪魔の虜《とりこ》になっていくこともあります。

　ですから、常に「謙虚《けんきょ》」でなければいけません。謙虚に「努力・精進」し、●「忍辱《にんにく》」の態度を忘れないで修行していくことです。その姿そのもののなかに、根本的な解決の鍵はあ

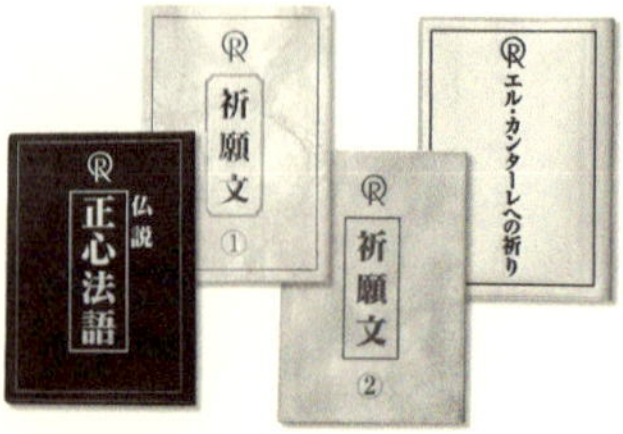

三宝帰依とは、仏・法・僧という三つの宝を尊いものと認め、身も心も投じて信奉しようとする気持ちのこと。三宝帰依を誓った者（三帰信者）には、『仏説・正心法語』『祈願文①』『祈願文②』『エル・カンターレへの祈り』が授与される。

●忍辱とは、非難や批判に対して耐え忍ぶこと。悔しい思いを心のなかにとどめることなく、平然と修行を続けていくこと。

るのです。

修法はありますが、その前の段階で、修法を使わなくとも、易《やさ》しい言葉で真理を説いて相手に悟らしめる力を持っていることが非常に大事です。これは、日頃の説法力とも関係があります。

今は、そういう話ができるお坊さんは非常に少ないです。お盆とか、故人《こじん》の命日とかに供養《くよう》をしていますが、かたちだけお経を読んでも、漢文を読んでいるだけでは、本当は救われていないことがあるのです。

お坊さんが、たまたま悟りを十分に持っていて、あくまでも、儀式としてお経を読んでいるということであれば、漢文で読んでいるなかにも一種の言魂が宿り、救済の力は働き始めますが、そもそも悟っていない人がお経を読んでも、その人は〝音声発生機〟にしかすぎず、悪霊を追い払うことはできないのです。

真理を知っている人が「サタンよ、退《しりぞ》け！」と言えば、それなりの力は出ますが、真理を悟っていない人が言ったところで、向こうは、せせら笑っていることもあるわけです。このあたりは、目に見えない世界なので、なかなか分からないことが多いと思います。

やはり、常日頃の精進が非常に大事です。いくら努力をしても終わりはありません。

あとは、個人だけではなく、「教団としての力」を蓄えていくことも大事です。教団に対する信頼が強くなれば、「救いの力」も同時に増してくるのです。

私も、個人だけだったら、地獄霊や悪魔はたくさんいるので、みんなでかかってきたら大変だろうと思います。そこで、そういうものを大勢相手にするだけではなく、こちらもまた信仰心を持っている人を増やしています。すると、信者たちの信仰心が、私のところに集まってくるのです。これが、総裁の力を守っているところはあるので、やはり、そういうことは大事です。

その意味で、「幸福の科学が、トータルでやっていることはいったい何なのか」、あるいは「自分が勉強していることは何なのか」ということをよく悟ることが大事ではないかと思います。

一般論的になると思いますが、そういうことが言えます。

Q2　悪魔を騙《かた》る霊にどう対処すべきか

【質問】

私が、遭遇《そうぐう》した実例に基づいて質問させていただきます。

ある女性の方が、突然、過呼吸に陥《おちい》って苦しみ始めたので、悪霊《あくれい》の影響ではないかと思い、その場にいた数名の職員で、「●仏説《ぶっせつ》・降魔経《ごうまきょう》」を唱《とな》えました。すると、霊があぶり出されてきて完全に憑依《ひょうい》状態となりました。男性が取り押えようとしても、押さえられないぐらいのすごい力を出して、暴れ始めたのです。

さらには、その人とは思えない別人格の言葉で、「こいつの命はもらってい

●幸福の科学の根本経典『仏説・正心法語』に収録されている経文の一つ。

く」「おまえたちには世界を救う力はない。もう救世《きゅうせい》運動はあきらめろ」などと罵《ののし》り始めました。

●「エル・カンターレ　ファイト」を繰り返し行《ぎょう》じたところ、嫌がって、一瞬、その人から離れるものの、何度も舞い戻ってきては、「そんなものは効《き》かないぞ。おまえたちに救う力はない」と罵り、私たちに無力感を感じさせようとしてきました。そして、悪魔の名を騙《かた》ってきたのです。

そこで、「エル・カンターレ　ファイト」と「仏説・降魔経」を行じながら、憑依霊に対して、「○○さんは、主エル・カンターレを愛している。○○さんは、主と一体である」「いかなる悪霊・悪魔も、エル・カンターレ系霊団に逆らうことはできない」「肉体を支配することはできても、魂《たましい》は支配でき

●幸福の科学における悪魔祓いの修法。幸福の科学の三帰信者向け経典『祈願文①』に「悪霊撃退の祈り」として収録。

ない！」という言葉を繰り返し唱えました。

するとと、憑依霊が離れ、本人の意識が少しずつ戻るようになってきたので、その女性と一緒に『正心法語《しょうしんほうご》』をゆっくりと読みはじめました。そして、その人が口ずさむことができるようになって、次第に心が調和していくと、憑依霊が戻ってくる頻度《ひんど》が減っていきました。

最終的には、本人が「エル・カンターレへの祈り」を自分の力で読誦《どくじゅ》できたとき、完全に引き離すことができました。

こうした体験をさせていただきましたが、悪霊のレベルではなく、小悪魔《こあくま》あるいは悪魔のレベルのものが来たときのエクソシズムと、そうしたものを未然に防ぐための結界《けっかい》の築き方について、ご教示いただければ幸いです。

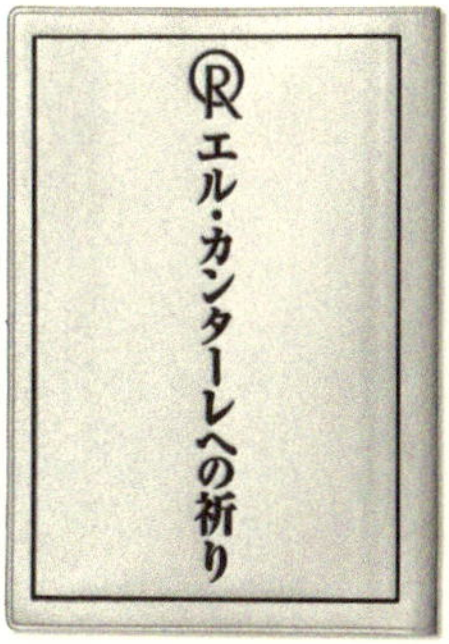

「エル・カンターレへの祈り」は
幸福の科学の三帰信者向け経典
『エル・カンターレへの祈り』に
収録されている経文の一つ。

悪魔《あくま》を名乗る場合、まず「相手の力量はどの程度か」を見抜け

それは、内容から見て、明らかに、魔王《まおう》か悪魔《あくま》の手下以上でしょう。大きさは分かりませんが、少なくとも、そうだろうと思います。

ただ、出てくる悪魔にも、一応、仕事能力はあって、仕事効率があまりに悪いことはしません。狙った仕事が無駄足《むだあし》になるとつらいので、ちょうど釣り合うぐらいのものを狙ってくるのです。

ですから、「その悪魔は、どのくらいの力であるか」を見ようとするならば、逆に、「悪魔が取り憑《つ》いて、引きずり込もうとしている人は、どういう人である

か」「その人に最悪の事態が起きたときに、いったいどの程度の波及効果《はきゅうこうか》があるのか」を考えてみればよいでしょう。

「どのくらいの悪魔がその人に攻撃をかけるのが、仕事能力的というか、適正として、ふさわしいか」、そのくらいを読む力は必要です。

そうすれば、「相手の力量はどの程度か」という推測がだいたいつきます。そして、「迷わせてくるものは、どのくらいのレベルか」という力量を見切ったら、次に、「だいたい、どのくらいの力があれば、追い払っていけるか。あるいは、追い払うことができないのか」ということが分かります。

例えば、「地獄界《じごくかい》の帝王だ」と名乗っても、地獄界の帝王が実際に一信者に憑いたりはしません。彼らは、それほど暇《ひま》ではないのです。「地獄界の帝王だ」

「ルシファーだ」「ベルゼベフだ」と言ったとしても、そんなものが一信者や一会員に憑くことは、ありはしないのです。

彼らは暇ではないので、それどころではありません。「ちょうどそこを一本崩したら、全体がガサッと崩れるような際《きわ》どい人材」や「ほかに代わりがいないような重要なポストで、その人を狂わせたら、全体が崩れたり、教団が分裂したりするかもしれないという立場にある人」であれば、狙ってくる可能性はありますが、そうではない人に、そういうものがかかることはないのです。

悪魔にも、ビッグマウス（大口を叩《たた》くこと）はありうるので、霊がかかってきた人を見て、「相手の力量はどの程度か」ということを客観的に見抜かなければいけません。

●ルシファーは、キリスト教系の悪魔であり、地獄の帝王の一人。ベルゼベフは、キリスト教系の悪魔で、ルシファーに次ぐナンバーツーと言われている。

信仰心のレベルが上がると、その人を守る力は強くなる

ご質問の事例では、憑いている霊の力がだんだん薄くなっていったとのことですが、運がよかったほうだろうと思います。

罵《ののし》りの言葉として、「おまえたちには、救う力がない」とか、いろいろなことを言うのは、だいたい、教団の勢力が増えていくことを嫌がっている存在でしょうから、いわゆる小悪魔系でしょう。

あるいは、他の邪教団《じゃきょうだん》の影響を受けている人にも、そういう傾向は出ます。すなわち、ほかの宗教に属していた人が当会に来ると、憑依《ひょうい》霊にとっては、「憑依

先を取られたら困る。今まで、私がこの人を支配していたのに、幸福の科学に行かれたら支配できなくなる」という場合があって、そういう場合も、憑いているものがそういう言い方をしてくると思います。

邪教のなかには、小悪魔製造機のような教団もあります。そして、そういうところに一定の期間いると、慣性《かんせい》の法則が働くので、「そこで十年、二十年修行していた」とかいう人で、質問にあった事例と同じような状況になった場合、みなで簡単に話をしたぐらいでは、憑依霊がすっと抜けるような感じにはならないでしょう。

今の事例では、信仰心のところも出てきました。私は「信仰心が大事だ」と説いていますが、マスコミ等にかなり歪《ゆが》められ、薄められてしまっているため、普通の人は、なかなか理解できないようです。

ただ、信仰心にも、「どの程度、信じているか」というパーセンテージがあります。「何となく信じている」「かすかに信じている」というレベルから、「半分ぐらい信じている」「まあまあ、だいたいは信じられる」とか、「完全に信じている」とか、いろいろなレベルがあるのです。

そして、「信仰心のレベルが上がる」とはどういうことかというと、教団やエル・カンターレとの一体感が高まっていくわけです。信仰心が高まるにつれて、その人に及ぼしていく、教団やエル・カンターレの力が増えていくのです。

結局、これは、「どちらの側の〝磁石《じしゃく》〟に吸い寄せられるか」という問題なのです。

「その人が、個人でつくった唯物思想や悪魔的な思想によって、そういうものを引き寄せているのか」、あるいは、「ほかの宗教の間違った教えや哲学によって、それが吸い寄せられているのか」、それとも、「家族のなかに原因があって、そうなったのか」など、原因はいろいろあると思いますが、要は、その人が吸い寄せられていく二つの力のうち、どちらが強いかによって、違ってきます。

ですから、自分自身の力が足りなくても、足りないなら足りないなりに、妙なプライドとか名誉心とかは捨ててスパッと〝兜《かぶと》〟を脱ぎ、完全帰依《きえ》するというスタイルを取って、「教団に帰依します」「エル・カンターレにすべてをお任せします」という気持ちになることが大切です。そうなると、その人を守る力はぐうっと強くなるのです。

この世的なプライドが救いを妨げている場合もある

ところが、みな、何だかんだ言って、それぞれプライドがあるのです。年齢的なものや職業的なもの、地位的なもの、金銭的なもの、家柄や学歴など、いろいろなプライドを持っています。

例えば、「自分は、悪霊に憑かれている自覚がある。学校でいじめ事件等に対応しているうちに、何だか、自分もやられてしまったらしい」という校長先生がいたとしましょう。

やはり、校長には、校長なりのプライドがあると思います。校長として、人に訓示《くんじ》を垂《た》れて教えたりしているプライドがあるので、「〝裸《はだか》〟になれ」と言われても、そうはいかない部分があるでしょう。「私は、人に教える立場の人間だ」というプライドがあるため、信仰心が完全に百パーセントにはならないところがあります。

あるいは、警察官にも、そういうところはあるかもしれません。「私は、悪人を捕《つか》まえる仕事をしていた。そういう仕事をしていた私が、悪魔に憑かれたりするようなことがあってはならないはずだ」というようなプライドが残っていたら、「私は、正邪を分けて、犯人を捕まえる仕事をしていたのだから、人から正邪を分けられたり、『間違っている』と言われたりするのは、プライドに差し支《つか》える」などという考えも出てくるだろうと思います。

こういうものがあるうちは、実は、本人の苦しみが終わることはありません。

ですから、悪魔の力もあるし、「本人の心のなかに、迷っている悪い部分がどの程度あるか」ということもあるでしょうが、ある意味では、本人が、この世的なプライドで自分を鎧兜《よろいかぶと》のように守っている部分が、「救済の力」を弱めているというか、ブロックしている面もあるので、そういうときは、一度、その人と腹を割って話をすることです。

プライドを捨て、純粋な信仰に戻るように説得を

そして、「この世の役職とか、年齢とか、八十年の人生経験があるとか、自分

は十代続いたいい家柄だとか、自分の兄弟は偉《えら》いとか、親は偉いとか、いろいろなことがあると思うけど、そういうことは一切関係ないのです。魂《たましい》としては、個人なのですから」ということを伝えることです。

その人が、そういうものをすべて取り去ったならば、当会の流れが直流で入ってくるようになり、効き目はかなり強くなるでしょう。

本人自身が、救いを妨げているケースは極めて多いです。特に、日本人には、刷《す》り込みとして入っているものがかなりあります。日本には、儒教時代もありましたから、年功序列的な関係とかがそうです。

例えば、支部長とかが救おうとしても、支部長より年上で年齢が二倍ぐらいある人だったら、「そんな簡単に叱《しか》られて、謝って、成仏してたまるか」という感じで、言うことをきかないこともあります。

あるいは、「『そうは言っても、私は外国帰りで、コンサルタントをやっているんだ。君たちより、経営については、よっぽどよく知っている』というようなプライドがあるけれども、本当は、自分の会社はうまくいっていない。そして、『政府の政策が悪いために、うまくいっていないのであって、私の責任ではない』と考えていて、そういう心労がもとで、実は、悪魔に入られている」という人もいるかもしれません。

そういうプライドも大事ではありますが、いったん取り去り、純粋な信仰に戻れるなら、戻していただきたいと思います。

人格崩壊しかねない人に対するときの注意点

ただ、プライドを取り去ってしまったとき、何もかも完全になくなってしまう人もいます。一本、柱を取っただけで家が潰《つぶ》れる、南の島の家のような人もいるのです。柱の上に藁葺《わらぶ》きの屋根が載《の》っているだけだと、一本、柱を取っただけでガサッと潰れますが、それと同じように、人格が崩壊するわけです。

この場合は、かなり難しいところがあります。〝腐《くさ》った柱〟は取り除かなければいけませんが、〝腐った柱〟を取りながらも、〝別の柱〟をつっかえ棒として入れてやらなければいけないのです。

つまり、その人がまだ気づいていないところの、自分のよさや優れている点を教えてあげるのです。「ほかの人からまだ言われことがないだろうけど、あなたは、こういうところが優れている」とか、「こういうところは自信を持っていい」とか、「そういう苦労のなかで、耐え抜いたところは立派である」とかいうことを言って、新しい〝柱〟を差し込み、自我の部分を多少支えてあげながら、腐っている部分を取り去っていくのです。

一種の光明思想も一部入ると思いますが、このように、「自我を支えてあげながら、真理を注ぎ込んでいく」という作業が要《い》る場合もあります。

完全に〝武装解除〟したら、自我がメルトダウン（溶解）してなくなってしまうタイプの人の場合、いきなり、全部取ってしまったら危ないこともあります。

人間としての尊厳が消えてしまい、塩をかけられたナメクジのように溶けてしまう場合があるので、要注意です。

人格崩壊前で、精神病院に入りそうなタイプの場合、こういうケースが多いので、人格を完全に崩壊させてはいけません。慎重に〝柱〟を一本一本入れ替えていくような作業も要ると思います。

悪魔憑きと見て、悪なるものを追い出すことも大事ですが、人格が崩壊すると見た場合には、同時に、〝木の柱〟とか〝鉄骨〟とか、新しい素材でもって、支えも入れていかなければいけないのです。その両面を知っておいていただきたいと思います。

悪魔に憑かれると、信仰心がぐらぐらしてくる

最終的に、帰依の心が完全になってきた場合には、向こうから見ると、教団全体と、エル・カンターレを含めた指導霊団との戦いになり、全部、囲み込まれるかたちになるので、どのような悪魔も長くはもたなくなります。

しかし、帰依の心が、なかなか、そこまでいかないのが、人間の性《さが》というものです。つまらないことで、いろいろと抵抗しているのでしょう。

ただ、これについては、私たちのほうにも考えるべきところがあります。つまり、当会の活動が、社会的に、多くの人に認められるものになり、勢力を持って

いくことによって、人々の信じる力が強くなってくることもあるのです。

逆に言えば、週刊誌や新聞やテレビなどで、いろいろと揶揄《やゆ》されるようなことがあるたびに、少しずつ信仰心がぐらついてくる面はあるので、そういうところを、できるだけ乗り越えていく信用を、やはり、高めていかなければいけないわけです。

悪魔は妙な軍師のようなもので、いったん、取り憑かれると、「そうは言っても、おたくの宗教には、こんなところに問題があるではないか。ここも失敗しているではないか。あれも失敗しているではないか」などと、いろいろと指摘してきます。そうして、「ああ、そうかもしれないな」と思うような気持ちになってくると、信仰心がぐらぐらしてくるのです。

また、悪魔憑きの場合、悪魔の除霊や退散をしようとすると、家族から反対が出たり、支部や精舎に行くのがすごく怖くなり、行けなくなったりすることがあります。近くの駅まで来ても、Ｕターンして家に逃げ帰るようなこともあって、支部や精舎に入っていけなくなるのです。そういう意味で、できれば、法友《ほうゆう》（真理を共に学ぶ仲間）などの支えも多少欲しいところです。

非常に厳しいことはありますが、やはり、サンガ全体としての力を強め、社会的な信頼も、ある程度持たなければいけないし、もちろん、会のなかでは、「法《ほう》力《りき》のある修行者」を数多くつくらなければいけないだろうと思います。

一般的には、私の近くにいると、磁石の近くにある鉄片がみな磁石になっていくように、〝磁石化〟されていきます。しかも、私に近いほど〝磁石化〟していく傾向は強いので、霊的に反応は強くなります。一方、私の近くにいた人でも、異動して遠いところへ行き、そこに長くいると、〝磁石〟の力は弱くなっていきます。

そのあたりを、どう上手にやって、教団全体の力を上げていくか。それには指導研修局やエル・カンターレ信仰伝道局など、いろいろなところの力が関係してくるだろうと思います。

「この世的にも原因がないかどうか」を見る目も必要

もう一つ、考えなければいけないことがあります。それは、特に、在家の方に言えることです。もちろん、出家者（職員）にもありうることですが、悪魔にやられている場合、「この世的に解決できていない問題があるために、そこを攻め込まれている」ということも多いのです。

私たちは、通常、唯物論的なこと、あるいは、この世的なことには反対していますが、「この世的な論理やこの世的な原因によって、何かつまずきがあり、それが解決されないために、本人が悩んで前進できない」という場合には、やはり、この世的な問題にも消し込みをかけていかなければいけません。「どのように智《ち》慧《え》を出して、それを消せるか」という問題を考えなければいけないのです。

例えば、年商一億円ぐらいの中小企業の経営者の場合、五億円の借金を抱えていたら、夜はなかなか寝られないでしょう。一億円しか売り上げがないのに、どうやって五億円を返せばよいのかといっても、そう簡単に返せるものではありません。

どうにかして、「会社の体質を変え、収益構造を変えて、借金を減らしていく」という具体的な努力が軌道に乗れば、悪魔も退治しやすいですが、「このままでは潰れるしかない」という場合だったら、逃《のが》れられない部分もあります。

ですから、この世的にも解決すべきものがあったら、解決しなければいけません。

あるいは、病気が原因で心に弱点ができ、そこを攻められているなら、治せる病気は治したほうがよいのです。もし治せない病気であるならば、それを受け入れて達観《たっかん》し、「自分がこの世を去るとしても、家族があとで困らないようにするにはどうするか」ということで、やれるべき手、打つべき手をきちんと打つことです。身辺の整理をきちんとしておくことで、肚《はら》が据《す》わることもあります。

そういう意味で、この世的な問題も、解決できるものはきちんと解決することが大事です。それが、意外な盲点になっていることがあるのです。

アランの『幸福論』のなかには、「赤ん坊が泣きやまないので、乳母《うば》が『お父さんもそういう性質だったから、これは遺伝なんだ』と言うけれども、そうではなく、赤ん坊の産《うぶ》着《ぎ》のなかのピンが当たって、痛いから泣いているだけだった」という話があります。

このように、ピンに気がつかず、「遺伝なんだ。

アラン（1868 ～ 1951）
フランスの哲学者

お父さんも、おじいさんもよく泣く子だった」と言って、勘違いしているようなケースはあるのです。

霊的な問題の解決のときも、霊的な問題だと思っていたら、実際は、この世的なところで、その人に〝痛み〟を起こしている原因がある場合もあります。そのときは、それを発見して取り除かなければいけません。ピンを取れば、赤ん坊は泣きやむのです。

また、『幸福論』には、アレクサンドロス（大王）の馬の譬《たと》えもあります。どうにもならない暴れ馬がいたのですが、アレクサンドロスは、「馬は、自分の影に怯《おび》えているだけだ」ということを見抜き、馬の顔を太陽のほうに向けさせたら、暴れなくなったのです。

そういうことで、「この世的にも原因がないかどうか」を見る目も必要です。霊的なだけでも駄目で、この世的な原因も見抜くことです。

例えば、今、述べた中小企業の経営者の話で言えば、本人ではなく、奥さんに原因があったり、子供に原因があったりなど、本人が知らないところに原因がある場合もあるし、本人が話さない場合もあります。あるいは、「会社のなかに、実は、問題のある人がいる」とかいうことが、原因になっている場合もあります。

そういう原因があるのであれば、努力して探究することも大事です。

いろいろなかたちで述べましたが、最終的には、「総力戦」になると思います。

Q3　先祖《せんぞ》の霊が迷っているときはどうすればよいか

【質問】

先祖供養《せんぞくよう》の観点から質問させていただきます。

「家族に不慮《ふりょ》の事故が起きたり、会社が倒産したり、そういった不幸が起きる背景には、亡くなった先祖の影響がある」と言われることもありますが、先祖供養の観点からエクソシズムをしていけることがありましたら、ご教示頂きたく存じます。

よい先祖供養《せんぞくよう》もあれば、悪い先祖供養もある

先祖供養《せんぞくよう》には両面があると思います。

亡くなった両親や祖父母には、「子孫から正当に弔《とむら》われたい。敬《うやま》われたい」という気持ちがあるのは事実であり、それには、人間としての愛情や愛着の部分もあるでしょう。

ただ、確かに、「地獄《じごく》に堕《お》ちて、どうしたらよいか分からないために、とにかく子孫に頼ってきている」という場合もあって、いわゆる憑依霊《ひょういれい》になっていることもあります。これが問題なのです。

宗教によっては、もちろん、「先祖が迷っているために、今、あなたに不幸が続いているのだ」と言うところもあり、実際、当たっている場合もあります。「不成仏霊《ふじょうぶつれい》になっている先祖を成仏させないと、健康になれないし、事業もうまくいかないし、現在の家族もうまくいかない」ということは、現実にあることはあるのです。

真剣にそれに取り組もうとしている宗教もあると思いますが、一部の宗教では、責任転嫁《てんか》の論理として、先祖供養にもっていっているところもあると思うのです。というのも、とにかく先祖供養を言っておけば、あらゆる問題はそこにもっていけるからです。この世の問題はそっちのけにして、すべて先祖の問題にしてしまえば、万病《まんびょう》に効《き》く薬のようなもので、宗教としては何でも解決できるわけです。

父親や母親がまだ生きている人は多いと思いますが、祖父や祖母、あるいは、その前ぐらいの代までいけば、だいたい亡くなっているので、「何代前の先祖が祟《たた》っている」という言い方をされたら、もはや、いかんともしがたいところはあるでしょう。「三代前の母方の先祖が祟っている」などと言われたら、人によっては、もうギブアップだと思います。

そして、「とにかく供養しなさい」「毎月、供養しなさい」ということだけを言われて、刷《す》り込まれ、その宗教に通っているうちに、本人も、だんだん暗い想念《そうねん》に包まれて悪霊憑《つ》きになっていきます。その宗教に行くたびに、実際は自分の先祖ではない他人様《ひとさま》の迷っている霊をたくさん憑けて帰ってきて、コールタールにどっぷりと浸《つ》かったような状態になっている人もいるのです。

教団名を挙《あ》げるのは問題があるので言いませんが、先祖供養を中心とする宗教のなかには、そういうところもあります。

先祖供養を中心とした宗教の危険性

以前、ある宗教を研究しようとして、昔そこにいて当会に転向してきた人に頼んで、お経《きょう》や本などを頂いたことがあるのですが、持つや否や、すぐに手を離しました。霊的に、ものすごくモヤモヤしていたのです。経文《きょうもん》から経典までモヤモヤしていて、すごいのです。ダイオキシンではありませんが、〝毒性〟を持った何かを霊的に発していました。お経から、その宗教の基本教義が書かれた本まで、そういう〝毒性〟を持っていたので、何か間違いがはっきりとあるのでしょう。

おそらく、その宗教を運営している人の心のなかに、嘘《うそ》・偽《いつわ》り・詐欺《さぎ》の心があるのではないかと思います。

つまり、そこには、騙《だま》されている人がたくさんいるわけです。先祖でもない、いろいろな悪霊がたくさん寄ってきているのに、〝先祖供養〟をさせられているのです。

迷っている霊たちは苦しいものだから、先祖を騙《かた》って、「とにかく供養しろ」とやたらと言ってくることがあるのですが、その宗教の人に「視《み》ると、先祖が憑いている」と言われて、先祖供養をさせられるのです。ところが、そういう供養をすればするほど、悪霊が寄ってくることもあります。

結局、その宗教の指導者に力がない、あるいは、正見《しょうけん》（正しい見解）ができていない場合には、こうしたことが起きるので、「先祖供養にも、善悪の両方が存在するのだ」ということです。

そういう意味で、当会の初期の頃にも説いていますが、まずは、生きている人間のほうの生活を正すことが大事です。真理の書を読み、「正しい生活を行《ぎょう》じる。宗教的生活をきちんと送る」という姿勢をつくることです。

その上で、当会では、供養祭等、いろいろな式典を支部や精舎《しょうじゃ》で開催しているので、それに参加し、導師《どうし》がいるところで、一緒に供養したほうがよいでしょう（巻末の案内参照）。そのほうが安全なのです。そういうことを説いています。

先祖供養を中心とする宗教の場合、その教えに基づいて、毎日、朝昼晩と、自宅で先祖供養をしていると、実は、先祖とは違う霊がたくさん寄ってくることもあるので、危険度があります。

なお、先祖が天国に還《かえ》っている場合は、そんなに供養してもらう必要は全然ありません。むしろ、先祖のほうは、必要があれば子孫を指導する立場にあるので、ときどき、昔よくしてくださったことなどを思い出し、感謝してあげたら喜ばれると思いますが、朝昼晩とご飯を供《そな》えて祀《まつ》らなければいけないほどのことはないのです。これは、先祖が天国霊の場合です。

幸福の科学で行われる先祖供養の式典の様子
（幸福の科学 総本山・那須《なす》精舎付属 来世幸福園《らいせこうふくえん》）

その人が地獄に堕《お》ちた原因を考え、心のなかで相手に伝える

地獄霊の場合は、ご飯を供えても口に入らないことはあるわけで、いわゆる餓鬼《がき》霊などはそうです。「餓鬼霊は、口のなかにご飯を入れても、炎になってボーッと燃え上がり、入らない」と言われているように、何を入れても、足ることを知ることができない状態になっているのです。

そして、欲望の塊《かたまり》のようになって、吸血鬼《きゅうけつき》状態

地獄で飢えに苦しむ餓鬼霊（ブータンにあるリンプンゾンの「六道輪廻図《ろくどうりんね》」）

になっている場合は、いくら感謝したり、供養したりしても、「供養が足りない」と言ってくることもあります。そういう霊は、まったくの他人であることもあれば、本当の身内にも出てくることはあります。

それは、一族に伝わっている、その人に関する客観的な噂《うわさ》話を聞いてみれば、だいたい分かります。法事に来た人たちがしている噂話を聞けば、天国的な人だったか、地獄的な人だったか、ある程度、結論は出てくるのです。世論で分かる面があるわけです。

みなが、「あの人は無理だろうね」とか、「絶対、天国に上がっていないだろうね」とか言うようであれば、だいたい当たっています。

そういうときは、先ほども述べたように、「あの人が迷っているとしたら、なぜだろうか」と原因を考えてあげて、「おそらく、ここが間違いだったのだろうな」ということが分かったら、それを思念《しねん》として伝えることです。

当会の供養祭に参加したときに、個人として、その人に対して、「あなたは、おそらくここが間違っていると思います。ここを改められたほうがよいですよ」ということを、お経以外にも、心のなかで分かりやすい言葉で伝えてあげることです。本人に多少なりとも聞く耳があれば、分かってくることもあります。

自分の力を超えていると思ったら、支部や精舎《しょうじゃ》で供養を

少し気をつけなければいけないのは、「霊のほうに、『先祖供養は子孫の義務で

あって、私が迷っているのは、子孫の供養が足りないからだ』ということを言わせると、いつまで経《た》っても成仏しない」ということです。

まるで、今の中国や韓国のような感じです。彼らは「われわれが今不幸なのは、日本が悪いことをしたからだ」と言い続けていますが、その言い方は、先祖供養をしても成仏しない先祖とよく似ています。「日本が悪かったから、今われわれはこうなんだ」とずっと言い続けていますが、これでは絶対に成仏しません。

これは先祖も同じです。「子孫がわしをちゃんと供養しないから、成仏できないのだ」と言い張っている先祖もいますが、こういう人は、そう簡単に成仏しません。反省してもらわなければいけないわけです。

地獄の機能のなかには、一部、本人を反省させる機能もあります。地獄は、やはり、不愉快《ふゆかい》というか、あまり気分のよいところではありません。自分の周りにいる人を見ると、本当は、自分と同類の人たちがいるのですが、エゴイストの場合、自分のことはよくしか思っていないことが多く、他人のことはよく見えるので、ほかの人を見ると、いい人には見えないわけです。同じ世界に住んでいるほかの人を見ると、「こういうのは嫌なやつだな」ということが分かるわけです。

そうして、嫌な人と毎日顔を合わせて、いろいろな人と会っているうちに、何となく、「この世界から出たいな」という気持ちになってきます。このあたりが、実は、地獄から脱出していくための一つのきっかけになるのです。

そういう意味で、同類の人を集めています。地獄でも、類は友を呼んで、同類の人が集まるのです。

例えば、暴力団のような人が集まっている阿修羅界《あしゅらかい》に行くと、毎日、流血沙汰《りゅうけつざた》の喧嘩《けんか》ばかりしているわけですが、さんざんやっていると、見ていても嫌になってくるところはあります。「どこかで足を洗いたい」という気持ちになってくるのです。そういうときが、地獄から抜け出すきっかけなのです。

そのときに、もちろん、天上界の霊が救いに来ることもあれば、地上の子孫が正しい宗教に入って信仰活動をしていれば、その救いの光が届いてきて、天使たちが救済を協力し

常に闘争を繰り広げる阿修羅界
（出所：「熊野観心十界曼荼羅《くまのかんじんじっかいまんだら》」兵庫県立歴史博物館ウェブサイト）

てくれることもあります。その意味での先祖供養は大事です。

そういうことで、安全を期《き》して言えば、例えば、ボートから落ちて溺《おぼ》れている人を救うのでも、「自分は何人救い上げられるか」ということは、一応、計算したら分かるでしょう。女性であれば、「女一人の腕力《わんりょく》で、何人引き上げられるか」というのは、やはりあるのです。また、何人も同時に引き上げようとしたら、ボートが転覆《てんぷく》して沈《しず》んでしまい、救えないこともあります。

ですから、自らの力量の範囲を知り、自分の力を超えていると思ったら、支部へ行き、あるいは、支部だけでは足りないと思ったら、大きな精舎へ行き、祈願や供養を一緒にしてもらうとよいでしょう。力を合わせれば、もう少し大きな〝船〟になるので、救済がしやすくなるのです。

先祖供養には両面があるので、そういうことをよく知らなければいけません。

最終的には、本人が生前の反省をしなければ、天国に上がれない

わがままな親で、生前、「おまえが親不幸をしたから、不幸になったんだ」ということを言い続けていたような人だったら、地獄からなかなか出られない面もあります。そういう親子関係等での葛藤《かっとう》を起こすこともありますが、原因・結果の法則があるように、最終的な責任は、やはり本人自身に戻ってくるのです。

同じ立場にあったとしても、人によって違う行動や考え方をすることはできるわけですから、子供の出来が悪くても、親が地獄に必ず堕ちなければいけない理

由はありません。子供の出来が悪かったとしても、親は親なりに、自分の生き方や考え方を持つことはありうるのです。子供に引きずられることもあるかもしれませんが、自分なりに人生を立て直せば、天国に還ることは可能なのです。

もちろん、供養祭等で、きちんと先祖供養してあげたほうがよいのですが、それをしながらも、「最終的には、自分自身が、原因・結果の法則をよく知り、生前の行為のなかに、反省すべき点があることに気づいて、実際に反省していかなければ、天国には上がれない」ということを教えてあげることも大事です。

それが分からないようなら、まず、自分自身がそれを実践して、その姿を見せることです。それによって、彼らに伝えることができます。子供や孫が反省を実践していたら、取り憑いているほうも、「ああ、そういうふうにするのか」ということで、やり方が分かるので、彼らも反省し始めたりするのです。

そういうことで、先祖供養を行っている宗教のうち、全体的に、人のせいにする考え方が強くなっているところは、気をつけないと、間違った教団（邪教《じゃきょう》）になっていることがあります。「先祖供養は、無前提によい。完全によい」とは言えない部分があるのです。

先祖のわがままやエゴを増長《ぞうちょう》するかたちの先祖供養だと、相手の悪を増幅《ぞうふく》させてしまうこともあります。あるいは、「供養されたい」と思って、関係のない霊がたくさん寄ってきて、本人を苦しめるようなことが数多く出てきます。

ですから、やはり、自分の力量はよく知っておいたほうがよいでしょう。

「あなたは、あなた自身で救える」と言える力も必要

そういう意味で、仏教全体に流れていますけれども、お釈迦《しゃか》様は、非常に理性的で、一見、冷たく見えるような言葉もよく説いていますが、そうしたクールな面も持っていないといけません。

情だけが過ぎると、あまりにも多くの霊がすがってきます。しかし、ゾロゾロゾロゾロとブワーッとたくさんすがってくると、とてもではないけれども、救い切れないところがあります。

救済は大事ですが、「原因・結果の法則で、やはり、セルフ・ヘルプの部分が

一部あるのだ」ということを諭《さと》せる哲学を知っていないと駄目《だめ》です。「あなたは、あなた自身で救えるのです」ということを言える力も必要です。

そういう力を持たず、「全部が全部、他力《たりき》で救われる」と思ってはいけません。一見、クールに見える面も一部持っていないと、この世の身がもたないところがあるのです。

このあたりについて、自力《じりき》だとか、他力だとか、いろいろと言っていますが、お坊さんたちの霊的な実体験がどの程度まで及んでいるかによって、この悟りには、違う面がきっとあるでしょう。

『阿含経《あごんきょう》』にも書いてあるように、お釈迦様も、「重い石を池に投げ込んだら、浮くだろうか。いや、浮きはしない。沈むだろう。同じように、この世に生きていたとき、悪業《あくごう》をたくさん積んだ人は、〝池〟に投げ込まれたら沈むだろう。あるいは『この石よ、浮かべ』と祈願したら、浮かんでくるだろうか。いや、浮かんでこないだろう」というようなことを説いています。

少しつれない言い方をしていますが、要するに、「その人が払うべき代償《だいしょう》あるいは借金の部分がある」ということです。「その清算が終わらないといけない部分がある」ということを、仏教は教えているのです。

宗教なのに、なぜ「セルフ・ヘルプの教え」を説いているのか

これが、地獄がすぐには完全になくならない理由です。地獄から離脱させる一

方で、次々と地獄に堕ちる人が新しくできているのです。そして、その原因は、この世にあります。

この世には、間違った生き方をしている人がたくさんいます。間違った思想の下《もと》に何十年も生きている人が大勢いるのです。そのため、次々と地獄人口が新しく供給されているわけです。

そのなかから、嫌になって、天国に上がる人も出てきますが、一方では、地獄に堕ちる人もいます。そして、地獄に堕ちるのは、石と同じで、本人が〝水〟よりも比重が重いために沈んでいるわけであり、その重さとは、カルマ（業《ごう》）の重さなので、やはり、自分自身で解消していかなければならないのです。

こういうことがあるので、当会も、「セルフ・ヘルプの教え」を手離さないで、残しているわけです。

外国で宗教として説く場合、「宗教なのに、自助論《じじょろん》はないでしょう。これだったら、宗教は要《い》らないじゃないですか」「セルフ・ヘルプでできるのであれば、自分教《じぶんきょう》だから宗教は要らない」というように言う人もいます。

他力で全部、本当に救えているのなら、自力を説かなくてもけっこうでしょうが、私は、地獄に次々と人口が供給されていることを知っているのです。

こうした人をすべて他力で簡単に救えるようにはなっていません。地獄に堕ちる原因は自分でつくっているので、その部分について気がつくまで、やはり、救済には時間がかかるのです。

やはり、「自分で自分を救える人間」をつくっていくことが大事です。両面が必要です。他力の面も要りますが、自力も要るのです。

先祖供養的なものは他力だと思いますが、「要らない」とは言いません。必要ですけれども、やはり、あの世の諸霊にも、自分自身で悪事をやめることができる部分については、気づいてもらうことが大事だと思います。

そういうことで、ベースになっているものは結局何かと言うと、やはり「教学《きょうがく》の部分」です。教学の部分をきっちり分かっていれば、相手に応じて対機説法《たいきせっぽう》ができるだろうと思います。

先祖供養といっても、むやみにそれだけしか言わない、先祖供養一本槍《いっぽんやり》の宗教は要注意です。自己責任の部分、因果《いんが》の理法《りほう》のところを見落としている可能性があるので、そういう宗教には気をつけたほうがよいでしょう。

それから、当会が自助論を説いていることの意味についても、どうか伝えていただきたいと思います。

Q４　精神障害に悩む人への対応の仕方

【質問】

統合失調症《とうごうしっちょうしょう》、多重人格、強度霊障《れいしょう》等、いわゆる精神障害の方への対応の仕方や心構えにつきまして、ご教示をお願いいたします。

現代医学では統合失調症《とうごうしっちょうしょう》や多重人格の問題を根本解決できない

それは、程度によってはもう難しいです。はっきり言って、難しいところもあります。

先ほど述べたように、柱のところがシロアリに食《く》われ、腐《くさ》っている状態まで来ている場合になると、家の形をとどめるのは大変であり、人間としての統一人格を持ち続けることは難しくなります。本当に難しいです。

悲しいですが、人生に敗北していく人は後を絶《た》ちません。数十年の人生で、いろいろな試練を受けるわけですが、敗《やぶ》れ去って波間《なみま》に消えていく人は後を絶たないのです。

今、医学が、「統合失調症《とうごうしっちょうしょう》」や「多重人格」の問題等に立ち向かおうとしていますが、根本的な解決にはなっていないようです。

基本的には、「他人に迷惑をかけないようにするためには、どうしたらよいか」という隔離《かくり》方策と、本人が精神的に荒れすぎないようにするために鎮静剤《ちんせいざい》を働かせるということ、それで、だいたい対応していると思います。

ただ、多重人格といっても〝使い方〟次第であって、私も、いろいろな霊を入れることができれば、人格も変わるので、多重人格的な面もあります。けれども、私の場合、コントロールタワーのところがしっかりしているので、別に問題がないのです。

一方、コントロールタワーのほうがしっかりしていなかったら、完全に人格を取られてしまい、別人格になっていきます。そして、そのまま生活するようになっていったら、やはり、異常があるわけです。少しの差のように見えますが、そういう違いは出てきます。

最近出たばかりの『天理教開祖《てんりきょうかいそ》　中山みきの霊言』（幸福の科学出版刊）にも書いてありますが、最初、中山みきに十柱《とはしら》の神霊《しんれい》が次々と降りてきて、ものすごい力の男の声とかで、ガーッと言い出したそうです。これは怖《こわ》いでしょう。周りの人は、「大変だ」ということで、蔵のなかへ閉じ込めてしまったらしいのです。今で言えば、病院に入れて、監禁《かんきん》することと同じでしょう。

実際は悪魔《あくま》や悪霊ではなく、高級霊だったのですが、それでも、統制が利《き》かない場合には、普通の人間から見ると、一種の多重人格や統合

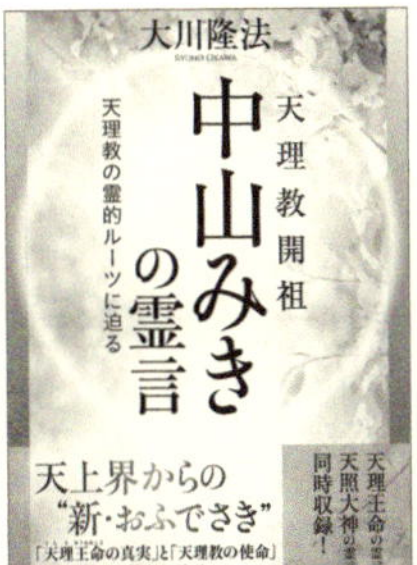

『天理教開祖　中山みきの霊言』（幸福の科学出版刊）

失調症の症状と同じものが出るのだろうと思います。霊的には、善悪を問わず、そういう現象が出る可能性があるわけです。

霊能力を持っても、実務力や社会性を失わないようにする

これに対応するものは、仏教で言うと、六大神通力《ろくだいじんつうりき》のなかの最後の「漏尽通《ろじんつう》」のところに当たります。

つまり、単なる神霊能力や霊能力、超能力をありがたがってばかりいて、「行け行け！　ゴーゴー！」型の肯定だけでいくと、どんどん進みすぎるところがあるので、高度な霊能力を持ちながらも、この世的な判断力や仕事力、実務力など

六《ろく》大《だい》神《じん》通《つう》力《りき》

仏教に言う、六つの超人的な力のこと。六神通。

天《てん》眼《げん》	霊視能力。生きている人間のオーラや憑依霊、あの世の世界まで透視でき、衆生《しゅじょう》の転生《てんしょう》の状態を知ることができる。
天《てん》耳《に》	あの世の霊たちの声を聞くことができる能力。
他《た》心《しん》	マインド・リーディング、人の気持ちが手にとるように理解できる能力。
宿《しゅく》命《みょう》	単に自分の将来が分かるだけでなく、その人の想念帯《そうねんたい》を読みとれば、他人の運命、宿命《しゅくめい》、過去世《かこぜ》などが手に取るように分かる能力。
神《じん》足《そく》	いわゆる幽体離脱《ゆうたいりだつ》のこと。肉体を地上に置いたまま、霊界や宇宙を見聞したり、テレポーテーションしたりできる能力。
漏《ろ》尽《じん》	高度な智慧《ちえ》の力によって、肉体煩悩《ぼんのう》を滅尽《めつじん》する能力。霊能力を持ちながらも、通常人と同じように偉大なる常識人として生活できる力でもある。

（『太陽の法』〔幸福の科学出版刊〕参照）

を失わないようにしなければいけません。

これは、正気《しょうき》を失わないためにも非常に大事な訓練なのです。このあたりがバランサーになって、人格が崩壊しないようにできることが大事です。

そこで、私はみなさんに、きちんと勉強することも勧めています。例えば、みなさんのなかには、「毎日、英語の単語を覚えたりしているが、こんなことをするのは、宗教として変ではないか」と思う人もいるかもしれません。

確かに、英語は、この世の普通の社会人が、

『黒帯英語』シリーズ（大川隆法編著・宗教法人幸福の科学刊）をはじめ、数多くの英語テキストが発刊されている。

会社で出世して認められるためにやっているような勉強でしょうが、これなども、少しでもやっていると、精神が健全化するというか、バランスを戻してくる力が、実は働いてくるのです。

あるいは、先ほど、マスコミのことを悪くも言いましたが、新聞やテレビ、ラジオ、週刊誌で、まあ、いやらしいものもかなりありますが、この世で起きているニュース等を見て、いろいろなことを知れば、「こういうことをしたら、こうなる」という原因・結果の法則がよく分かるでしょう。

例えば、テレビのニュースを観《み》ていれば、「『幼い女の子を、かわいいからといって、自分の車に乗せて連れていき、一日、遊んだ』などということは、犯罪になって大騒ぎになる」ということは分かるでしょう。そうすれば、「こういうことをしてはいけないのだな」ということが分かります。

ところが、そういうことを知らないというか、タッチしていなければ、「『かわいい子がいるな。ちょっと連れていって一緒に遊びたいな』と思ったので、そのまま車に乗せて連れていきました。何も悪気《わるぎ》はありませんでした」と言えば済むと思っている場合もあるのです。

ですから、この世の、まともなニュース等をチェックして見たりすることによって、バランスを保《たも》てる部分はあるわけです。

その意味では、小説を読むのでも、きちんといろいろなものを読んでいればよいのですが、例えば、人殺しの小説ばかりずっと読み続けていると、隠れて犯罪の方法を研究するようになったり、一人部屋であれば、部屋のなかに死体の写真などを張るようになったり、だんだん、おかしくなってき始めます。

やはり、そうならないように、実務的な部分や社会性の部分を維持する訓練を少しだけでも続けていかなければいけません。「世間には、それはどのように見えるか」というところも、一応、バランサーとしては大事なのです。

こういうことも、「漏尽通《ろじんつう》」に当たります。神通力を使いすぎて、この世から遊離しすぎた場合には、少しおかしくなってくることがあるので、そうならないようにするために、漏尽通ということを知っておく必要があるでしょう。

この世のものを全部否定してはいけません。そのなかで、役に立っていると思われるものを一部、日々の修行の課題のなかに入れていくことによって、狂わないようになるのです。それが大事なことです。

それを怠《おこた》って、あまりにも霊的になりすぎることには、危険度があります。

おかしくならないためには、「見切り能力」も必要

それから、高級霊であっても、人格を破壊するところまで力を持つ場合もあるので、一応、用心は要ると思います。本人の器を超えてしまった場合、あるいは、向こうが読み違えてしまった場合です。高級霊であっても、「この人をこう使いたい」と思うのですが、魂《たましい》の乗り舟にそれだけの力がない場合は、〝泥舟《どろぶね》〟と化して沈んでしまうことがあります。もっともっと力がないと無理なこともあるのです。

ですから、このへんを見切っていく「見切り能力」が必要です。

やはり、あの世の人間ではなく、あくまでも、この世の人間であるので、この世で生き延びていくための智慧《ちえ》が必要です。その智慧は何かというと、そうした「見切っていく能力」だと思うのです。

「自分は、ここまではできるが、ここからはちょっとできない」というところをきちんと分けていくことです。例えば、「私の家族で責任が負えるのは、ここまで。父親あるいは母親として責任が負えるのは、ここまで。ここから先は少し無理がある」というところです。

母親であれば、子供の教育に一生懸命になっているとしても、子供の能力というものがあるので、一定以上は無理な部分もあると思います。その無理な部分については、やはり、世俗《せぞく》内的断念をしなければいけない部分はあります。

そうではなく、「この望みが叶《かな》わなかったら、もう生きている意味がない」などと考えるのは、少し極端すぎるし、そういう人は、霊的にもおかしくなっていくことがあります。

あまりにも極度な霊障《れいしょう》にまで入っていくと、医学的に病気として診断されることになりますが、ポイント・オブ・ノー・リターン（もう帰ってこれない地点）があるので、そこに達する前の段階で軌道《きどう》修正を入れなければいけないのです。

あまりに霊的になりすぎて日常生活がおかしくなってきたら、それは、いけないので、普通の生活の部分、通常人として通用する部分のほうに重しをかけなければいけません。あるいは、「家族のために、ここは守らなければいけない」と思うところを努力しなければいけません。

修行が進めば進むほど、謙虚《けんきょ》に精進《しょうじん》していく態度を持つ

霊の声が聞こえてくると、最初は、珍《めずら》しいから、いろいろなことを聞くでしょうが、そのうち、話す内容がだんだん変わってき始めます。いろいろなことを言い出してきて、少しずつ変わってくるので、分からないのです。最初は、「高級霊の声だ」と思って聞いていたのが、そうだったのかもしれないけれども、だんだん入れ替わってき始めます。

「ザ・リバティ」編集長が、たまたま、そこ（聴聞《ちょうもん》席）に座っているので、例

えば、「ザ・リバティ」編集長に、天上界の霊の声が聞こえてきたとしましょう。

「『ザ・リバティ』は、世を救済するための雑誌だ。おまえの力次第で世の中を救えるのだ」という声が聞こえてくる。「うん、なるほど。そのような気がする」。「だから、おまえが、しっかり勉強して、いい文章を書き、世界を啓《けい》蒙《もう》すれば、世界は救えるのだ」。「なるほど。そのとおりだ。天使が言っている言葉だな」と思う。

そうして聞いているうちに、一カ月ぐらいしたら、「おまえの力は、朝日新聞やＮＨＫよりはるかに強いのだ。お

「ザ・リバティ」（幸福の科学出版刊）国内外の政治・経済・教育等に関する厳選された情報が読める月刊誌。

まえの判断一つで、世界はどうにでもなるのだ」などという声が聞こえてきて、「うん、そのとおりだ」と言って、それに乗っていき始めると、どこかで、この世的に見て、ややずれた発言を少しずつし始めるようになって、おかしくなっていくのです。

ですから、主観的な目と、客観的な見方との両方が必要です。「ほかの新聞や雑誌も、この世的に、これだけの力を持っている」という勢力図や力関係が見えているうちは大丈夫ですが、全然見えなくなって、驚かないように前以外は見えないように目隠しをされた馬車馬《ばしゃうま》のように、真っ直ぐしか見えなくなってくると、公平で客観的なものの見方ができなくなってくるのです。

要するに、「あくまでも、この世的な修行の部分と釣り合うことが必要である」

ということです。

もちろん、一定の期間お籠《こも》りをして、霊感なり、精神性なりを高める修行というのもあります。いろいろな流派がありますが、一定の方式に則《のっと》った確立したものであれば、それほど心配はないかもしれません。また、優れた魂の人であれば、その孤独に耐え抜く力もあるでしょう。しかし、凡人《ぼんじん》であれば、孤独に耐え抜けないことが多く、その間《あいだ》に、いろいろな魔のささやきを受けます。

千日回峰行《せんにちかいほうぎょう》でも、「夜中に山を歩いていると、いろいろな声が聞こえてきたりするようになる。『魔境《まきょう》』が現れてくる」とよく言われています。やはり、いろいろなものに憑かれやすいのでしょう。ほかにも断食《だんじき》や断水をしたりするので、いろいろな幻覚《げんかく》が見えてきたりもするようです。魔境がたくさん現れてくるので、そのあたりの難しさはあるだろうと思います（『酒井雄哉《さかいゆうさい》　日本天台宗大阿闍梨《だいあじゃり》に引導《いんどう》を渡す』〔幸福の科学出版刊〕参照）。

霊的な能力を持つかどうかは、人によって早い遅いがあるので分かりません。出てくることもあるでしょうが、霊的な能力が開けたとしても、無前提で喜ぶのではなく、それ相応のものが要るのです。

つまり、「霊能力が、例えば、深海を調査するための重しだとするならば、それを使って〝潜《もぐ》って〟いくわけだが、今度は、浮上するための浮力もまた持っていなければいけない」という考え方を持っていなければいけません。このあたりの修行が必要だということです。

ですから、修行が進めば進むほど、謙虚《けんきょ》に精進《しょうじん》していく態度を持つことが大事なのではないでしょうか。

公共心を持ち、自分のプライドを抑える

それから、当会のようなところでも起きていることですが、規模がだんだん大きくなって仕事が重くなっていくと、任に堪《た》えられなくなってくることがあります。そういうときに、自我《じが》といいますか、利己心《りこしん》のほうが強く、かつ、自分にマイナスのことが働いた場合、ほかの人が悪いことをしているように見えてくることがあります。

そのときに大事なのは、やはり「公共心」です。「自分はさておき、全体とし

てうまくいっている、組織仕事が進んでいるのなら、それはよいことだ」というように受け入れる力が要るだろうと思うのです。

そういう気持ちが大事です。悪魔は、ちょっとした心の隙《すき》を突《つ》いてくるので、そういう気持ちを持っていないと、やられることがあるのです。

今、当会の職員にも、霊的な能力を持つ人が出てきています。たまたま霊的な能力を持ち、一定のときに、それが役に立つこともありますが、教団の組織が大きくなって、だんだん世界規模になっていったときには、運営がさらに重くなります。そのときには、はっきり言えば、この世的な意味での力も必要になってきます。この世的な会社や役所などでも十分に通用するぐらいの力がなければ、運営できないことがあるのです。

するとと、霊能力は開いたけれども、今度は、運営のほうができなくなるという人も出てくるかもしれません。では、組織としては、その人をどうするかということですが、一応、専門職として使うか、その人に耐えられる範囲内で使うかというかたちになると思います。しかし、そのとき、プライドが許さないと、「教団のほうに魔が入った」というような言い方をする人が出てくるのです。

実際、辞めていった人には、だいたい、そういう傾向がありました。初期の頃に活躍したが、辞めたり、暴れたり、いろいろした人には、そういう人がけっこう多かったと思います。

そういう意味で、自分の家、〝自我の家〟を建てる柱は大事なのですが、それが強すぎても駄目で、今度は、自分を変える力がなくなるのです。

ですから、もう一つには、公共心が要るということです。「教団が、最大多数の最大幸福に資する方向で動いているなら、よいかな」というような考えを持つことです。

悪魔に狙《ねら》い撃《う》ちされないための組織防衛策

当会は、宗教として活動してきましたが、学校事業や政党事業、映画製作等のメディア事業など、いろいろと新しいこともやり始めてきました。

なかにいる人にとっては、その都度、教団が変わったように見えたことでしょう。「何か変なことをし始めた」というように見えることがあって、頭の切り替えができず、それまでの自分の考え方を守りすぎると、教団から気持ちが離れて、批判する側になっていきます。そういうときに、心に隙があると、悪魔に入られていくのです。

例えば、かつて、霊能力を持っていたり、一定の役割をもらっていたりしていた人の場合は、教団のほうを許せなくなって暴れ始めるのですが、すると、今度は、大きめの悪魔に入られたりすることもあります。

こういうこともあるので、当教団では、職員には非常に気の毒な面もありますが、一般社会とは違う動きをよくしています。つまり、非常に流動的な組織をつくっているのです。そうしなければ、狙撃《そげき》されるような感じで、悪魔に狙《ねら》い撃《う》ちされるからです。

先日、北海道で、やや失礼なことを言ったので、理事長はきっと傷つかれたのではないでしょうか。「理事長なんか、誰でもできるんですよ」と、大変失礼なことを言ってしまいました。付け加えて、「いや、選ばれし数名の間では、交替《こうたい》してもできるのです」と言いましたが、それでもまだ失礼であることは、事実ではあります（二〇一四年七月十七日、北海道正心館《しょうしんかん》での法話「天意を正しく受け取る法」での発言）。

その数日後、全世界伝道交流会（全国支部長情報交流会）があったのですが、その日の昼頃、何かが〝かかって〟きたので、私は「悪霊が来たか」と思って訊《き》いてみると、胸を叩《たた》き始めました。そこで、「（理事長の）○○さんでしょう？」と言うと、「そのとおりです」と答えました。おそらく、交流会で話をする前だったのだろうと思います。守護霊が、「私に何か不満があったのでしょうか」ということを言いに来たのです。

この世的には、非常に失礼な、恥《はじ》をかかせるような言い方だったかもしれませんが、「理事長は誰でもできる」ぐらいに思っていたほうが、悪魔にやられずに済みます。「その人でなければ絶対にできない」と思うと、集中攻撃を受けて、本当にやられてしまうのです。

そういうことは、過去、何度もあります。理事長以外にもあります。

例えば、編集局が一つしかなく、編集局長が一人しかいなかったとき、悪魔が編集局長に入ったことがあります（教団初期のこと）。その人を通さなければ、私の本が出ないとなると、悪魔は、その人に入って占拠するわけです。ですから、編集局長にルシファーが入ったときもあります。

それから、幸福の科学出版の社長にルシファーが入ったときもあります（教団初期のこと）。

要するに、「その人を狙ったら、何かを全部壊せるか、潰《つぶ》せる」となったら、その人を狙ってくるのです。すると、やられることがあります。

そういうことで、私は、その仕事をできる人を複数つくっておいて、いざとなったら動かせるようにしていきました。そういうかたちにしていったところ、だんだん、消えていく人の数が減っていったのです。

幹部のほうには、この世的には、若干《じゃっかん》、プライドが傷つくところがあるとは思いますが、組織防衛上、そのようになっているわけです。

霊的な能力だけでなく、この世的な能力も持っていた釈尊《しゃくそん》

質問は、「統合失調症」や「多重人格」のところですね。

霊能者になっていく場合と、それから、霊障者になっていく場合と、両方とも同じような現象が起きてきますが、結局のところ、その善悪というか、正当であるかそうでないかは、その人の判断能力や行動能力、仕事能力等でもって人々は判断するしかありません。

組織が正当に運営できている、あるいは、実務的な判断が正当にできているうちは大丈夫ですが、それがおかしくなってき始めたら、霊的なものの影響で狂っ

てきているとみざるをえないでしょう。

「そうならないためには、どうするか」ということですが、やはり、この世的な部分の能力も、磨き続けていく努力はしていかないといけません。

（「ザ・リバティ」編集長の）後ろには、弁護士の職員も座《すわ》っています。「ザ・リバティ」編集長だけ譬《たと》えに出したのでは大変申し訳ないので、ついでに、こちらのほうの譬え話もしてみましょう。

当会の職員で弁護士であれば、「私は宗教教団の弁護士だから、世界一の弁護士だ」と思っても構いませんが、「私は、弁護士であるがゆえに、〝モーセの十《じっ》戒《かい》〟を授かった。天から『新しい律法はこうだ』と降りてきて、私に『おまえこそが新しいモーセであるから、この〝十戒〟を広めよ』と言ってきた。だから、これ以外の法律はありえないのだ」というようなことを言い出したら、やはり、おかしい感じが出てきます。

このように、あまりに極端なワープ（飛躍）が出るようなら、おかしいので、やはり、この世的な判断や、ほかの人の判断もきちんと理解できるだけのキャパシティー（能力）は要るのです。

そういう意味で、「この世的な能力も吊《つ》り上がりながら、霊的な覚醒《かくせい》も、ある程度、上がっていく」という方向が望ましいと思います。

釈尊《しゃくそん》は、出家して山籠もりをし、霊的な能力も持って、もちろん、あの世の霊とも話ができるようになったわけですが、そのあと、教団をつくるときには、やはり、この世的な実務能力も必要になっています。

教団内で争い事が数多く起きるので、そのときには、仲裁《ちゅうさい》したりする裁判官のような能力も必要になってきますし、それから、教団が大きくなってからは、国王の政治顧問になって、相談に乗ったりアドバイスしたりもしています。

「釈尊は、この世的な能力も、きちんとそれなりに成長していっている。教団相応に成長していっている」ということは言えるでしょう。

したがって、そのあたりの手順をきちんと踏んでいくことが大事です。

「謙虚さを失わず、コツコツと努力をして、この世的にも頼りになる人間になることを目指しつつ、霊的な感覚があるなら、それも一部生かしていく」というなかに、導師《どうし》として、悪霊を撃退する力もそれなりに出てくるだろうと思います。

「その人の中身が完全な〝がらんどう〟だったら、悪霊撃退がよく効く」というわけでは、必ずしもありません。

「あの人は完全にがらんどうで、無《む》です。まったくの空《くう》です。空《から》っぽで、もう“空の袋”ですから、悪霊撃退をやるときは、その人に天上界の霊がバーンと入って、悪霊を追い出します。すごい力があって、効くんですよ」という言い方もあるかと思いますが、空っぽの人は信用ならないところもあります。いざというときは、やはり危ないのです。空っぽのなかに別のものが入った場合には、怖いのです。

やはり、霊的なものが協力しなかったとしても、人間として、一応、まっとうな判断をし、さらには、学校の先生風に、まっとうな指導ができるような内容を持っておくことが大事だと思います。

冷静に見極める力を持ち、「自分に対する守り」を固めよ

あとは、人格が壊れてしまい、完全に〝いって〟しまった人の場合ですが、残念ですが、もう一回、生まれ変わるしか方法はないかもしれません。「これ以上行ったら、もう戻れない。引き返してこれない」というところはあるのです。

映画「永遠の０《ゼロ》」にも、次のようなシーンがありました。

岡田准一《じゅんいち》さんが演じる主人公の宮部《みやべ》久蔵《きゅうぞう》が、敵を攻める前に、コンパスを使って地図で距離を測り、「ラバウルからガダルカナルまで攻めていったら、ゼロ戦の航続距離から見て、空中戦ができるのは十分間しかない。敵とドッグファイト

（空中戦）になった場合は大変だ。十分間で戦い終えて帰ってくるのは、そんなに簡単ではない。戦い始めると、三十分でも一時間でも戦うから、帰ってくる途中で落ちてしまう。この作戦は無理だ」ということを言うと、上官から、「何ということを言うんだ！　戦う前から負けるようなことを言うやつは、け

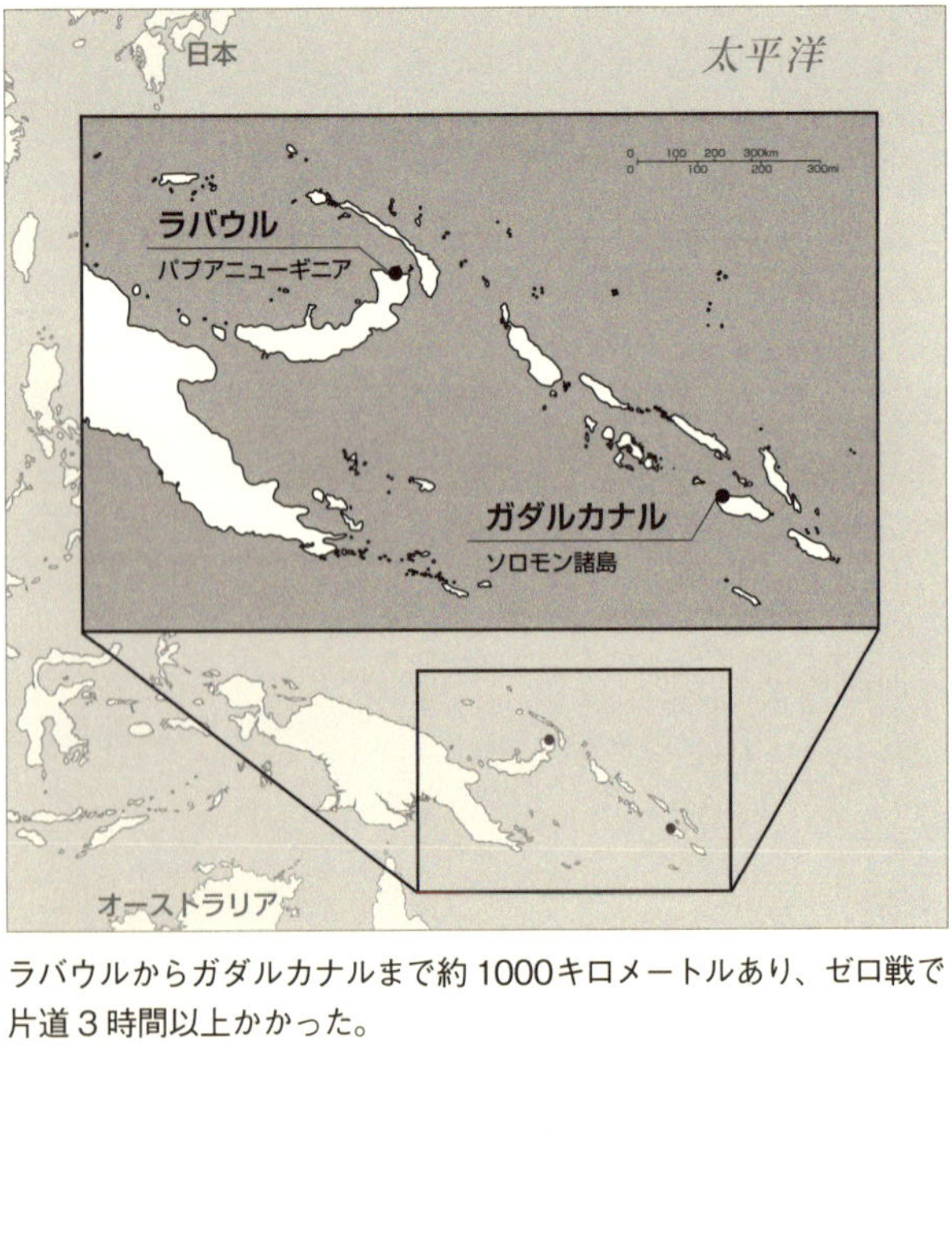

ラバウルからガダルカナルまで約1000キロメートルあり、ゼロ戦で片道3時間以上かかった。

しからん」などと言われ、怒られるのです。

確か、そういうシーンがありましたが、「航続距離的に見て、これ以上飛んでいったら、戻れない」という地点があるわけです。

同じように、霊的世界にも、人によって、それぞれ〝航続距離〟があり、そこまで行ってもまだ戻ってこられる人と、もう戻ってこられなくなる人とがいるので、そのあたりについては、冷静に見極めていくことが大事です。

なかには、霊体《れいたい》が肉体から出て、ほかの惑星まで行って、帰ってくるような人も実際にいますが（『地球を守る「宇宙連合」とは何か』〔幸福の科

『地球を守る「宇宙連合」とは何か』（幸福の科学出版刊）

学出版刊〕参照）、みなが、それをやっていたら、おかしくなる人のほうが率的には高くなるでしょう。「ほかの惑星まで行って帰る」ということは、しないほうが幸福だと思います。幽体離脱《ゆうたいりだつ》をしても、せいぜい部屋の天井ぐらいで帰ってきたほうがよいのではないでしょうか。そういう意味での、「自分に対する守り」を固めることも要ると思います。

あとがき

一九八一年三月に大悟《たいご》して、神秘の道に入ってから、かれこれ三十三~四年になる。悪魔祓い、悪霊《あくりょう》祓い、生霊《いきりょう》祓いまでいれると、いわゆるエクソシスト体験は、五千回は優に超えているだろう。私が相手しても手こずったことはあるが、負けたことは一度もない。

しかし、悪魔に取り憑《つ》かれた人の魂が向こう側に同通しすぎているために、あちら側の世界に本人が引きずり込まれていった実例は何度かある。また、千年、二千年を超える悪魔になってくると、地獄の住人の信仰心を集めている手強《てごわ》いものもいて、追い出すことはできても、成仏させることはそう簡単ではない場合も多い。

悪魔たちから身を守る方法の基本は、いたずらに近づかず、縁をつけず、天上界の波動に心を合わせることだ。人生のつまずきの原因が、悟りのよすがに昇華《しょうか》していくことも数多いことを知り、信仰心を絶対に手離さないことが大切だ。

二〇一四年　七月三十一日

幸福《こうふく》の科学《かがく》グループ創始者兼総裁《そうししゃけんそうさい》　大川隆法《おおかわりゅうほう》

『エクソシスト概論』大川隆法著作関連書籍

『エクソシスト入門』（幸福の科学出版刊）

『天理教開祖　中山みきの霊言』（同右）

『酒井雄哉　日本天台宗大阿闍梨に引導を渡す』（同右）

『地球を守る「宇宙連合」とは何か』（同右）

エクソシスト概論

── あなたを守る、「悪魔祓い」の基本知識Ｑ＆Ａ ──

2014年8月8日　初版第1刷

著　者　　大《おお》川《かわ》隆《りゅう》法《ほう》

発行所　　幸福の科学出版株式会社

〒107-0052 東京都港区赤坂2丁目10番14号
TEL(03)5573-7700
http://www.irhpress.co.jp/

印刷・製本　株式会社 堀内印刷所

ISBN978-4-86395-509-7 C0014

写真：ROGER_VIOLLET、©nyiragongo-Fotolia.com

幸福の科学の

祈願・供養のご案内

幸福の科学の支部・精舎は、仏の光が降り注ぐ、「聖なる空間」です。
全国各地の支部・精舎では、悪霊の影響を取り除き、
幸福になるための各種祈願や、各種供養を執り行っております。

悪霊《あくれい》撃退《げきたい》祈願

導師より、悪霊撃退の修法を行じ、悪霊を撃退する祈りです。

▶**全国の支部・精舎にて開催**

悪霊《あくりょう》封印《ふういん》秘鍵《ひけん》

―現代の陰陽道《おんみょうどう》―

平安時代に活躍した陰陽師（安倍晴明、同僚一同）の特別支援による祈願です。
善なる魂を持つ人間に取り憑いて不幸を招く、悪質な不成仏霊・悪霊を封じ込めます。

▶**全国の精舎にて開催**

悪霊《あくりょう》調伏《ちょうぶく》祈願

礼拝堂にて、結界を組み、複数の導師で悪霊を調伏する、強力な祈願です。
人を苦しめる悪霊を叱りつけ、魔の妨害を打ち破ります。

▶**総本山・正心館にて開催**

支部・精舎のご案内は
幸福の科学サービスセンター TEL **03-5793-1727**
【火～金】10時～20時／【土・日】10時～18時

仏説《ぶっせつ》・願文《がんもん》『先祖供養経』

地上を去った故人や先祖の霊に対し、仏・法・僧の三宝に帰依することを促し、四正道を教え、光の世界へと誘います。

▶**全国の支部・精舎にて開催**
※三月、八月には全国の支部にて、「幸福供養大祭」を開催

愛念《あいねん》供養祈願

心の底から供養したいと思う愛念を、特定の故人に贈り、あの世での幸福を祈ります。

▶**総本山・那須精舎、聖地・四国正心館、東京正心館、東北・田沢湖正心館、仙台正心館にて開催**
※三月、八月、九月には全国の精舎にて、「愛念供養祈願大祭」を開催

総本山・先祖供養経

定められた期間（一年、三年、七年、永代）、毎朝、導師が読経し、先祖に光を手向《たむ》けます。供養された霊は、大いなる御光に包まれながら、あの世で修行に励むことができます。

▶**総本山・正心館、総本山・那須精舎、聖地・四国正心館にて開催**
※三月、八月、九月には全国の精舎にて、「先祖供養大祭」を開催

大川隆法ベストセラーズ・悪霊を寄せ付けないために

神秘学要論

「唯物論」の呪縛を超えて

近代哲学や科学が見失った神秘思想を、体系化・学問化。比類なき霊能力と知性が可能にする、「新しき霊界思想」。ここに、人類の未来を拓く「鍵」がある。

1,500円

エクソシスト入門

実録・悪魔との対話

悪魔を撃退するための心構えが説かれた、悪魔祓い入門書。宗教がなぜ必要なのか、明確な答えがここに。マイケル・ジャクソンの死後の行き先や、悪魔との対話も収録。

1,400円

地獄の方程式

こう考えたら
あなたも真夏の幽霊

どういう考え方を持っていると、死後、地獄に堕ちてしまうのか――その心の法則が明らかに。「知らなかった」では済まされない、霊的真実。

1,500円

大川隆法ベストセラーズ・超常現象の実態を知る

NHK「幻解！超常ファイル」は本当か

ナビゲーター・栗山千明の守護霊インタビュー

NHKの公共番組で「超常現象＝トリック」という印象操作が行われている事実が判明。ナビゲーターの栗山千明氏と、プロデューサー・渡辺圭氏の守護霊霊言を収録。

1,400円

幻解ファイル＝限界ファウル「それでも超常現象は存在する」

超常現象を否定するNHKへの“ご進講②”

金縛り、霊視、ラップ現象、ポルターガイスト……時空間を超えて、４人の神秘体験・怪奇体験を「タイムスリップ・リーディング」！

1,400円

「宇宙人によるアブダクション」と「金縛り現象」は本当に同じか

超常現象を否定するNHKへの“ご進講”

「アブダクション」や「金縛り」は現実にある！　「タイムスリップ・リーディング」によって明らかになった、7人の超常体験の衝撃の真相とは。

1,500円

※表示価格は本体価格（税別）です。

大川隆法 ベストセラーズ・公開霊言シリーズ最新刊

日本民俗学の父 柳田國男が観た死後の世界

これは、21 世紀の『遠野物語』。河童、天狗、仙人、鬼……"妖怪ウォッチャー"が語る異次元世界の真相。妖怪伝説や心霊現象を学問化した民俗学の創始者にインタビュー。

1,400円

「ノアの箱舟伝説」は本当か

大洪水の真相

旧約聖書に記された「箱舟伝説」の驚くべき真実と、現在、世界各地で多発する「大水害」の理由。預言者ノアが、『創世記』の記憶を語りはじめる。

1,400円

天理教開祖 中山みきの霊言

天理教の霊的ルーツに迫る

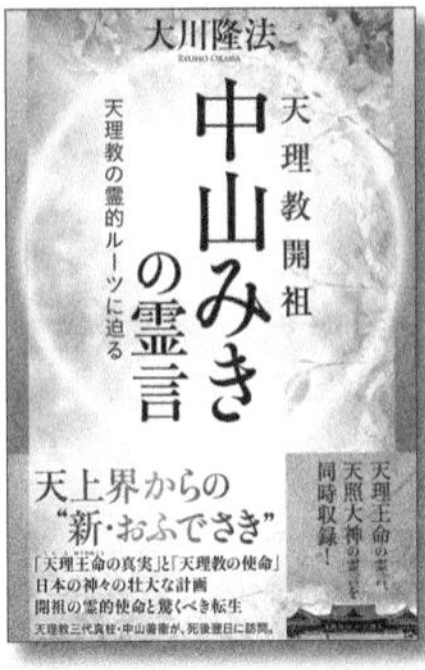

江戸末期に誕生し、日本を代表する新宗教となった天理教。日本神道の神々の壮大な計画とは?【天理王命の霊言、天照大神の霊言を同時収録】

1,400円

幸福の科学グループのご案内

宗教、教育、政治、出版などの活動を通じて、地球的ユートピアの実現を目指しています。

宗教法人　幸福の科学

一九八六年に立宗。一九九一年に宗教法人格を取得。信仰の対象は、地球系霊団の最高大霊、主エル・カンターレ。世界百カ国以上の国々に信者を持ち、全人類救済という尊い使命のもと、信者は、「愛」と「悟り」と「ユートピア建設」の教えの実践、伝道に励んでいます。

（二〇一四年七月現在）

愛

幸福の科学の「愛」とは、与える愛です。これは、仏教の慈悲《じひ》や布施《ふせ》の精神と同じことです。信者は、仏法真理をお伝えすることを通して、多くの方に幸福な人生を送っていただくための活動に励んでいます。

悟り

「悟り」とは、自らが仏の子であることを知るということです。教学《きょうがく》や精神統一によって心を磨き、智慧《ちえ》を得て悩みを解決すると共に、天使・菩薩《ぼさつ》の境地を目指し、より多くの人を救える力を身につけていきます。

ユートピア建設

私たち人間は、地上に理想世界を建設するという尊い使命を持って生まれてきています。社会の悪を押しとどめ、善を推し進めるために、信者はさまざまな活動に積極的に参加しています。

国内外の世界で貧困や災害、心の病で苦しんでいる人々に対しては、現地メンバーや支援団体と連携して、物心両面にわたり、あらゆる手段で手を差し伸べています。

年間約３万人の自殺者を減らすため、全国各地で街頭キャンペーンを展開しています。

公式サイト　www.withyou-hs.net

ヘレン・ケラーを理想として活動する、ハンディキャップを持つ方とボランティアの会です。視聴覚障害者、肢体不自由な方々に仏法真理を学んでいただくための、さまざまなサポートをしています。

公式サイト　www.helen-hs.net

INFORMATION

お近くの精舎・支部・拠点など、お問い合わせは、こちらまで！

幸福の科学サービスセンター

TEL. 03-5793-1727（受付時間 火～金：10～20時／土・日：10～18時）

宗教法人 幸福の科学 公式サイト　happy-science.jp

教育

学校法人
幸福の科学学園

学校法人 幸福の科学学園は、幸福の科学の教育理念のもとにつくられた教育機関です。人間にとって最も大切な宗教教育の導入を通じて精神性を高めながら、ユートピア建設に貢献する人材輩出を目指しています。

幸福の科学学園

中学校・高等学校(那須本校)

2010年4月開校・栃木県那須郡(男女共学・全寮制)

TEL **0287-75-7777**

公式サイト **happy-science.ac.jp**

関西中学校・高等学校(関西校)

2013年4月開校・滋賀県大津市(男女共学・寮及び通学)

TEL **077-573-7774**

公式サイト **kansai.happy-science.ac.jp**

幸福の科学大学(仮称・設置認可申請中)

2015年開学予定

TEL **03-6277-7248**(幸福の科学 大学準備室)

公式サイト **university.happy-science.jp**

仏法真理塾「サクセスNo.1」 TEL **03-5750-0747**(東京本校)

小・中・高校生が、信仰教育を基礎にしながら、「勉強も『心の修行』」と考えて学んでいます。

不登校児支援スクール「ネバー・マインド」 TEL **03-5750-1741**

心の面からのアプローチを重視して、不登校の子供たちを支援しています。
また、障害児支援の**「ユー・アー・エンゼル!」**運動も行っています。

エンゼルプランV TEL **03-5750-0757**

幼少時からの心の教育を大切にして、信仰をベースにした幼児教育を行っています。

シニア・プラン21 TEL **03-6384-0778**

希望に満ちた生涯現役人生のために、年齢を問わず、多くの方が学んでいます。

NPO
活動支援

学校からのいじめ追放を目指し、さまざまな社会提言をしています。また、各地でのシンポジウムや学校への啓発ポスター掲示等に取り組む一般財団法人「いじめから子供を守ろうネットワーク」を支援しています。

公式サイト **mamoro.org**

ブログ **blog.mamoro.org**

相談窓口 **TEL.03-5719-2170**

政治

幸福実現党

内《ない》憂《ゆう》外《がい》患《かん》の国難に立ち向かうべく、二〇〇九年五月に幸福実現党を立党しました。創立者である大川隆法党総裁の精神的指導のもと、宗教だけでは解決できない問題に取り組み、幸福を具体化するための力になっています。

党員の機関紙
「幸福実現NEWS」

TEL 03-6441-0754
公式サイト hr-party.jp

出版 メディア 事業

幸福の科学出版

大川隆法総裁の仏法真理の書を中心に、ビジネス、自己啓発、小説など、さまざまなジャンルの書籍・雑誌を出版しています。他にも、映画事業、文学・学術発展のための振興事業、テレビ・ラジオ番組の提供など、幸福の科学文化を広げる事業を行っています。

アー・ユー・ハッピー？
are-you-happy.com

ザ・リバティ
the-liberty.com

幸福の科学出版
TEL 03-5573-7700
公式サイト irhpress.co.jp

THE FACT

ザ・ファクト
マスコミが報道しない「事実」を世界に伝えるネット・オピニオン番組

Youtubeにて
随時好評配信中！

ザ・ファクト　検索

入会のご案内

あなたも、幸福の科学に集い、
ほんとうの幸福を
見つけてみませんか？

幸福の科学では、大川隆法総裁が説く仏法真理をもとに、「どうすれば幸福になれるのか、また、他の人を幸福にできるのか」を学び、実践しています。

入会

大川隆法総裁の教えを信じ、学ぼうとする方なら、どなたでも入会できます。入会された方には、『入会版「正心法語」』が授与されます。（入会の奉納は1,000円目安です）

ネットでも**入会**できます。詳しくは、下記URLへ。
happy-science.jp/joinus

三帰《さんき》誓願《せいがん》

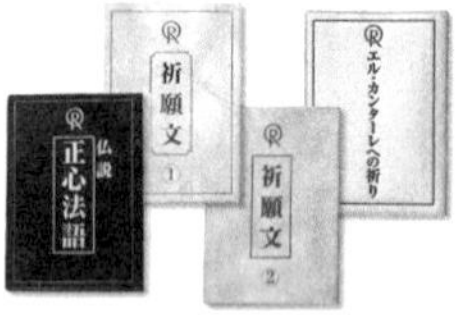

仏弟子としてさらに信仰を深めたい方は、仏・法・僧の三宝への帰依を誓う「三帰誓願式」を受けることができます。三帰誓願者には、『仏説・正心法語』『祈願文①』『祈願文②』『エル・カンターレへの祈り』が授与されます。

植福《しょくふく》の会

植福は、ユートピア建設のために、自分の富を差し出す尊い布施の行為です。布施の機会として、毎月1口1,000円からお申込みいただける、「植福の会」がございます。

「植福の会」に参加された方のうちご希望の方には、幸福の科学の小冊子（毎月1回）をお送りいたします。詳しくは、下記の電話番号までお問い合わせください。

月刊「幸福の科学」

ザ・伝道

ヤング・ブッダ

ヘルメス・エンゼルズ

INFORMATION

幸福の科学サービスセンター
TEL. 03-5793-1727（受付時間 火～金：10～20時／土・日：10～18時）
宗教法人 幸福の科学 公式サイト **happy-science.jp**